손가락으로 해보는 우리 아이 첫 코딩 입문서

스크래치 주니어 워크북

한선관 · 조현룡 · 채다혜 저

www.cyber.co.kr

☆ 우리 아이는 공부를 잘하게 될까?

놀이가 바로 학습입니다.

놀이는 몰입과 생각을 낳습니다. 잘 노는 아이가 공부를 잘하게 됩니다. 놀이의 내용과 방법에는 다양한 것이 있으나 스마트 기기나 컴퓨터를 이용한 놀이는 온라인 게임과 SNS에 집중되고 있습니다. 어린 시절 게임 과몰입이나 단발적인 소통은 생각하는 힘을 감소시킵니다. 디지털 도구를 이용한 코딩은 즐거움과 함께 강력한 생각을 하도록 돕습니다.

☆ 우리 아이는 지금 무슨 생각을 하고 있을까?

살아가면서 생각하는 힘이 가장 강력한 능력입니다.

생각은 마음의 추상적 내용을 몸의 구체적 표현 과정입니다. 문제의 해결 과정을 상상해보고 논리적으로 생각하며 똑똑하게 세상을 바라보는 힘이 생깁니다.

스마트 기기를 이용하여 문제를 풀다 보면 아이의 생각하는 과정이 보입니다. 코딩을 하는 어린 아이의 눈과 손가락, 표정을 가만히 살펴보세요. 우리 아이가 어떤 생각을 하는지, 어려움은 무엇인지, 해결하고 났을 때 어떤 기분이 드는지 확인할 수 있습니다.

☆ 우리 아이의 미래 사회는 어떻게 되어 있을까?

지금 존재하는 직업은 미래 세상에는 없다고 합니다.

우리 아이가 살아갈 세상은 지금 세상의 방식으로는 적응하기 어렵습니다. 디지털 기술이 모두 바꾸기 때문입니다. 디지털 기술을 아는 것이 바로 미래의 힘입니다. 코딩을 하며 우리 아이가 디지털 세상을 이해하고 미래에 대한 학습 역량을 키우도록 도와주세요. 스크래치 주니어는 MIT 대학의 미디어 랩에서 만든 강력한 사고력 도구입니다. 코딩을 통해 위에서 질문한 3가지의 답을 명확하게 제시하고 있습니다.

이 책에서 제시하고 있는 즐거운 코딩 과정은 우리 아이가 다양한 문제를 절차적이고 논리적으로 해결하고 놀이를 통해 집중과 몰입을 하도록 도와줍니다. 아이와 함께 코딩을 즐기면서 미래 사회에 꼭 필요한 사고력을 교감하는 시간이 되길 바랍니다.

대표 저자 한선관

☆ 아이들이 자연스럽게 코딩의 개념을 이해할 수 있도록 매 단원 동화로 시작합니다.

☆ 매 장의 도입부를 쉽게 열 수 있도록 스크래치 주니어의 메인 캐릭터 야옹이와 틱, 택, 톡의 대화로 열어갑니다.

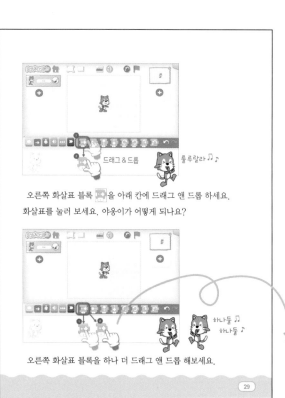

☆ 매 장의 스크래치 주니어의 움직임이나 블록의 기능을 누구나 따라할 수 있도록 움직임과 동작을 손가락 모양으로 표시하였습니다.

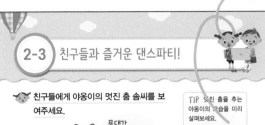

2-3 친구들과 즐거운 댄스파티!

 친구들에게 야옹이의 멋진 춤 솜씨를 보여주세요.

무대가 있으면 좋겠어.

TIP 멋진 춤을 추는 야옹이의 모습을 미리 살펴보세요.
* 유튜브 영상, QR코드

야옹이를 위한 무대를 만들어 주세요.

☆ 유튜브 영상으로 동작이나 기능을 이해할 수 있도록 QR코드가 삽입되어 있습니다.

3-4 엄마와 함께

내가 엄마께
- 야옹이가 말하기 연습을 하게 된 이유를 알려주세요.
- 야옹이가 친구들에게 인사와 자기소개 하는 모습을 보여주세요.
- 엄마에게 야옹이 반에 있는 나의 모습을 보여주고 스크래치 나라로 들어갈 수 있는 방법을 함께 이야기 해 보세요.

엄마가 나에게
- 친구들을 만났을 때 반갑게 인사하고 자기소개 하는 방법을 함께 이야기 해 주세요.
- 그림 편집기로 우리 아이만의 캐릭터를 만드는 과정을 도와주세요.
- [말하기-🔲] 블록의 쓰임을 가르쳐 주세요.
- [말하기-🔲] 블록 : 캐릭터에 말풍선을 달아 특정한 말을 하게 합니다.

(56)

☆ 이 책은 엄마와 자녀가 함께 공부할 수 있도록 '내가 엄마께' '엄마가 나에게' 지문을 제시합니다. 가정에서 엄마가 선생님이 되어 스크래치 주니어를 가르쳐 주실 수 있습니다.

버튼	하는 일
🏠	홈 화면으로 돌아가면서 프로그램이 저장됩니다.
🔲	무대가 화면 전체 크기로 커집니다.
🔲	바탕에 모눈을 표시하거나 없앨 수 있습니다.
🔲	무대의 배경을 바꾸어 야옹이와 친구들을 다른 장소로 보낼 수 있습니다.
ⓧ	내가 만든 작품의 제목과 자막을 넣을 수 있습니다.
🔄	모든 친구들이 무대의 첫 등장 위치로 돌아갑니다.
🚩	녹색 깃발모양 버튼을 누르면 블록으로 시작하는 모든 움직임이 시작됩니다.
⬤	정지 버튼을 누르면 움직이던 모든 친구들이 멈춥니다.

(1) **컴퓨팅 사고력 문제**

① 아이스크림 주문하기

친구들과 놀이공원에 간 야옹이. 맛있는 아이스크림을 먹고 싶어요. 아이스크림 가게에 가니 여러 가지 맛의 아이스크림이 있네요. 야옹이가 좋아하는 세 가지 맛으로 아이스크림을 만들 수 있대요. 야옹이의 상상 속 아이스크림을 주문하려면 어떻게 말해야 할까요?

버튼(ⓧ),

로 바꿀

나 꾸밀

(155)

☆ 부록으로 스크래치 주니어의 설치와 화면 구성, 각 블록의 역할을 설명하고, 스크래치 주니어를 소개합니다. 또 컴퓨팅 사고력을 기르기 위한 문제를 제시합니다.

차례

야옹이와 틱·택·톡 친구들

1 스크래치 나라에 야옹이 한 마리가 살고 있었어요.

2 아무도 없는 곳에서 오래 혼자 지냈던 야옹이는
너무나 심심했어요.

3 혼자서는 블록 놀이도

4 공놀이도 재미없었어요.

아무도 없네.
심심해….

5 어느 날, 야옹이는 친구를 찾아
나서기로 마음먹었어요.

안되겠어.
친구를 찾으러 가야겠어!

01 야옹이는 내 친구

스크래치 나라에 야옹이 한 마리가 살고 있었어요.

 아무도, 아무것도 없는 곳에서 오랫동안 홀로 지냈답니다.

야옹이는 외롭지만 언제나 웃음을 잃지 않는 씩씩하고 멋진 친구랍니다.

 이제 여러분이 야옹이와 친구가 되어주세요.

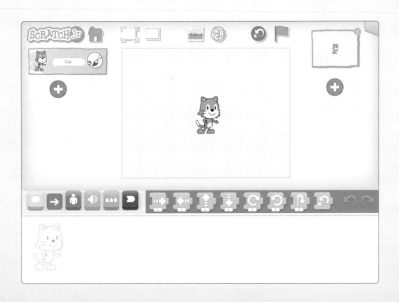

 야옹이는 움직이는 것을 좋아해요.

야옹이를 움직여볼까요?

야옹이를 누르세요.　꾸욱

누른 채로 손을 움직여보세요.

야옹이를 앞, 뒤로 옮겨 보세요.

TIP 야옹이를 어떻게 움직일 수 있는지 미리 살펴보세요.

* 유튜브 영상, QR코드

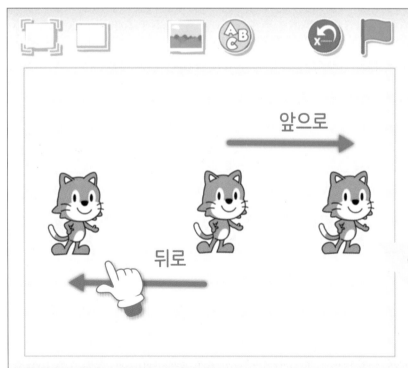

앞으로

뒤로

앗! 내 몸이 움직였어!

여기도, 저기도
가보고 싶은데?

야옹이를 이리저리 움직여 보면서 신나게 놀아주세요.

이제
어디로 가볼까?

 넓은 잔디밭에서 뛰어보고 싶어!

이제 야옹이와 나들이를 해볼까요?

* 유튜브 영상, QR코드

혼자 있는 야옹이의 방에서 이 보이죠?

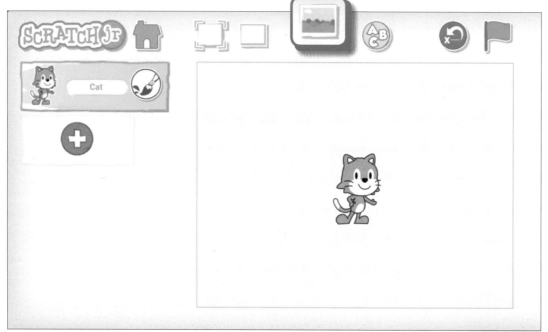

 표시된 곳을 눌러보세요.

 잔디밭으로
데려다 줄래?

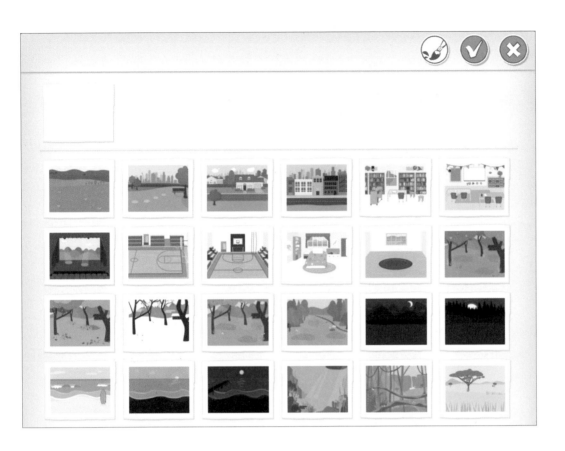

야옹이가 함께 갈 수 있는 곳이 보이나요?

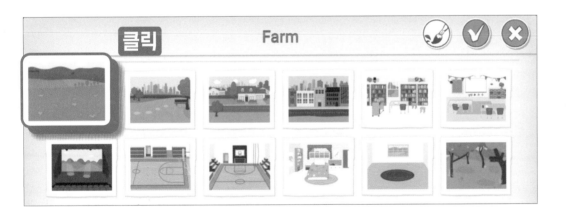

넓은 녹색 잔디밭을 두 번 눌러 보세요.

 와 신난다!
잔디밭에 데려다 줘서
정말 고마워 ♥

넓은 곳으로 나오니 야옹이가 좋아하네요.

다른 곳도 가볼까요?

 모양을 누르면 다른 곳으로도 갈 수 있어요.

 이번엔
어디로 가볼까?

야옹이와 다양한 곳으로 여행을 가 보세요.

나도 같이 놀 친구가 필요해!

 야옹이에게 새로운 친구들을 만들어 주세요.

TIP 새로운 친구들을 만나는 야옹이의 모습을 미리 살펴보세요.

* 유튜브 영상, QR코드

야옹이에게 친구들을 소개해주세요.

왼쪽에 있는 표시를 눌러 보세요.

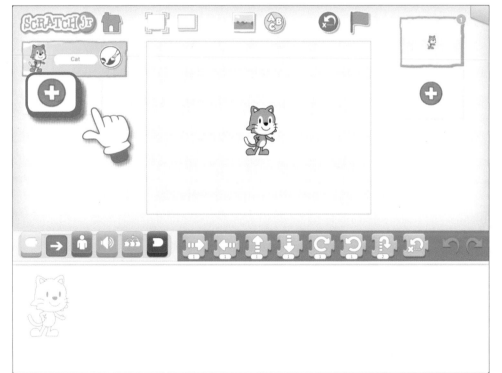

어떤 친구들을 만나게 될까?

두근두근

다양한 친구들이 나오네요.

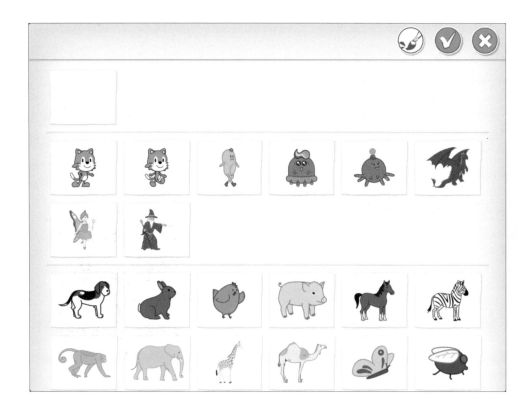

우와!
여기는 친구들이
아주 많구나!

야옹이 옆에 있는 친구를 소개시켜 볼까요?

[틱- ]을 두 번 눌러보세요.

안녕?
나는 '틱'이라고 해
만나서 반가워~

[틱- 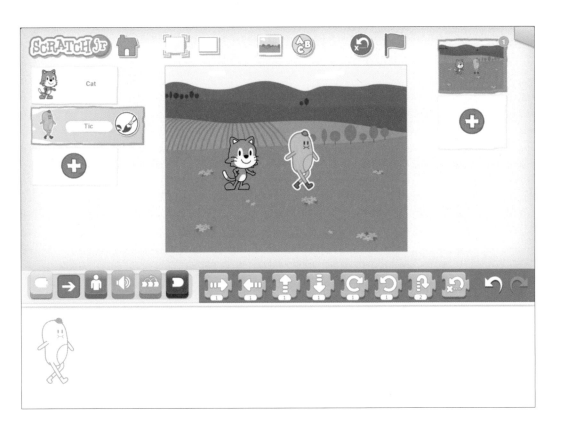]이 나타났어요!

또 다른 친구들도 불러 볼까요?

[택- 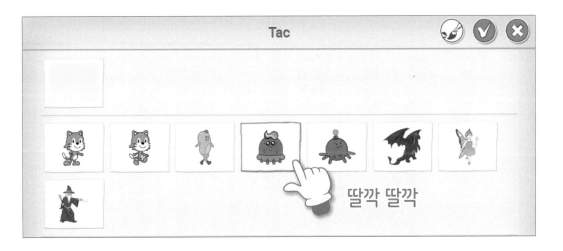]을 두 번 눌러 보세요.

딸깍 딸깍

귀염둥이 [택- ]도 나타났습니다.

얘들아~
나도 같이 놀자.
내 이름은 '택'이야.

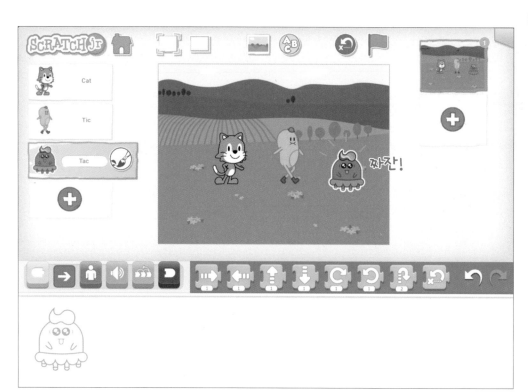

마지막으로 개구쟁이 [톡-]을 불러 보세요.

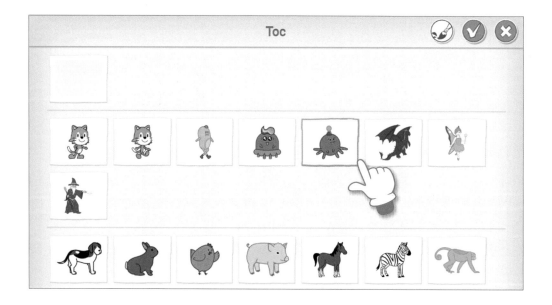

여러분 덕분에 야옹이는 더 이상 혼자가 아니에요.

친구들과 함께 재미있게 놀아보아요.

내 동생 '톡'을
소개할게.

안녕
만나서 반가워.
우리 친하게 지내자~

 내가 엄마께

- 여러분이 만든 야옹이를 소개해주세요.
- 야옹이와 어디에 가 보았는지 이야기 해 보세요.
- 야옹이의 친구는 누구인지 소개해주세요.

 엄마가 나에게

- 친구와 사이좋게 지내는 방법을 아이와 함께 이야기해 주세요.
- 캐릭터를 조작하는 다음의 용어를 아이에게 알려주세요.
  - ☑ 클릭: 손가락으로 "톡" 누르는 것을 말합니다.
  - ☑ 드래그: 손가락을 화면에 대고 끌어 당기는 것을 말합니다.
  - ☑ 드래그 앤 드롭: 캐릭터를 손가락으로 잡아서 끌어 옮기는 것을 말합니다.

1 택이가 야옹이에게 말했어요.

친구들이랑 파티에
가지 않을래?

파티? 나는 파티에
가본 적이 없는데?

2 택과 톡이 신이나서 말했어요.

파티에 가서 춤도 추고 노래도
부르면 정말 즐거울거야~

3 야옹이는 걱정이 되기 시작했어요.

나는 춤을 출줄 모르는데
친구들이 놀리면 어쩌지?

02 즐겁게 춤을 춰요

    드디어 친구가 생긴 야옹이. 친구들이 야옹이를 댄스파티에 초대했습니다.

 그런데 야옹이의 표정이 좋지 않네요. 사실 야옹이는 춤을 출 줄 몰라요.

알고 보니 춤을 추지 못해 친구들에게 놀림을 받을까봐 걱정이 되었군요.

 야옹이가 멋진 춤을 출 수 있게 우리 친구들이 도와줄 수 있나요?

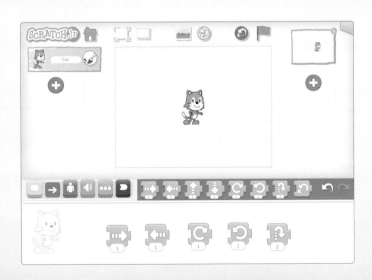

2-1 앞으로 뒤로 하나 둘 셋

야옹이는 뭐든지 금방 배운답니다.

너희는
춤을 출줄 아

먼저, 야옹이에게 **앞으로** 가는
법을 가르쳐 보세요.

TIP 춤을 추는 야옹이 ＊ 유튜브 영상, QR코드
의 모습을 미리 살펴보
세요.

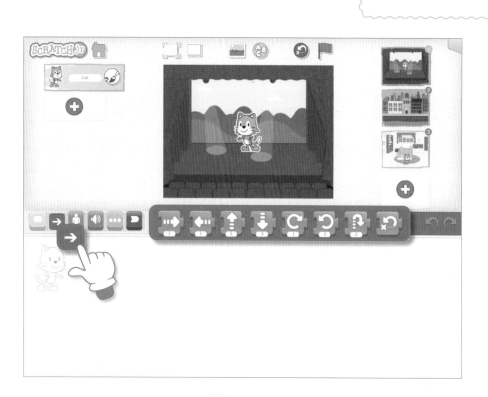

움직임 블록 가족 → 을 눌러보세요.

여러 모양의 [움직임] 블록이 나와 있어요.

룰루랄라 ♫♪

오른쪽 화살표 블록 을 아래 칸에 드래그 앤 드롭 하세요.
화살표를 눌러 보세요. 야옹이가 어떻게 되나요?

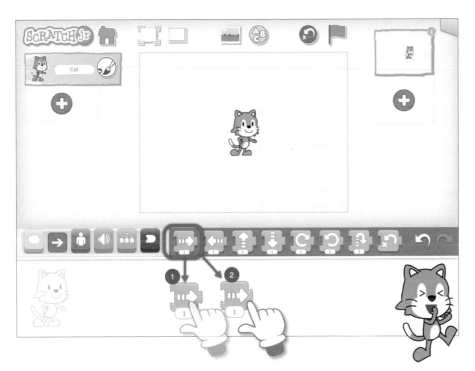

하나둘 ♫
하나둘 ♪

오른쪽 화살표 블록을 하나 더 드래그 앤 드롭 해보세요.

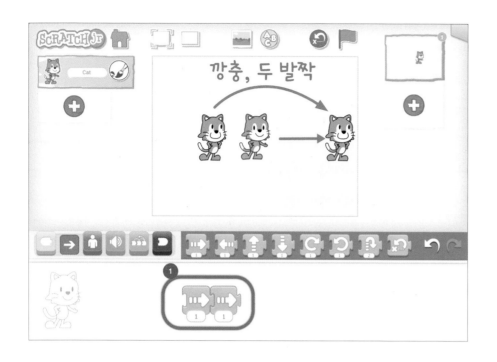

 두 개의 화살표 블록을 합쳐 보세요.

합친 화살표 블록을 눌러 보세요. 야옹이가 어떻게 되나요?

★ 🔄 버튼을 누르면 야옹
이가 움직인 후, 처음 위
치로 돌아갈 수 있습니다.

 화살표 블록을 하나씩 더하면서 앞으로 걷는 연습을 시켜보세요.
야옹이가 분명 좋아할거에요.

이번에는 야옹이에게 **뒤로 걸어가는 법**을 가르쳐 보세요.

TIP 야옹이를 어떻게 움직일 수 있는지 미리 살펴보세요.

* 유튜브 영상, QR코드

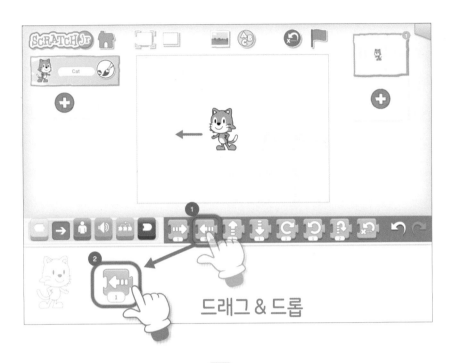

드래그 & 드롭

왼쪽 화살표 블록 을 아래 칸에 드래그 앤 드롭 해보세요.

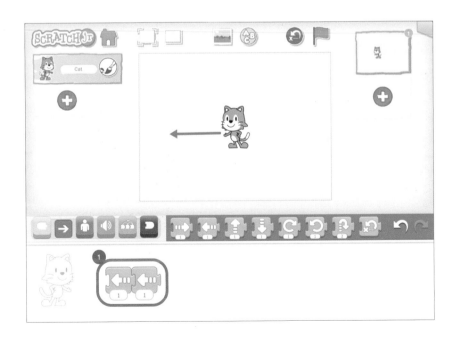

왼쪽 화살표 블록을 하나를 더 붙여서 눌러 보세요.

야옹이가 어떻게 움직이나요?

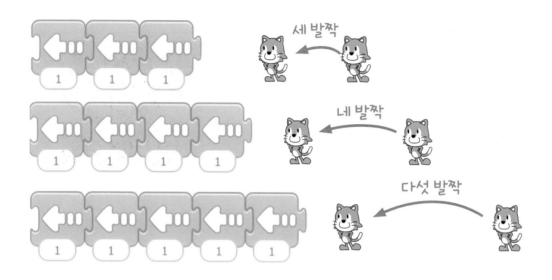

화살표 블록을 하나씩 늘려 보면서 뒤로 걷는 연습을 시켜보세요.

이제 앞으로, 뒤로 가는 기본 걷기를 할 수 있지요?

이제는 좀 더 다양한 걷기를 연습해봅시다.

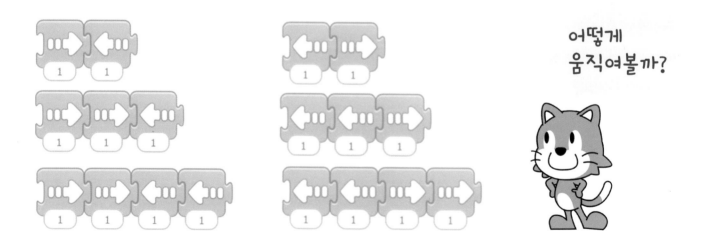

야옹이에게 나만의 특별한 동작을 가르쳐 주세요.

 오른쪽, 왼쪽으로 흔들고 펄쩍 뛰어봅시다.

[돌기- ] 블록을 이용해서 야옹이에게
재미난 동작을 가르쳐 보세요.

TIP 야옹이를 어떻게
움직일 수 있는지 미리
살펴보세요.

* 유튜브 영상, QR코드

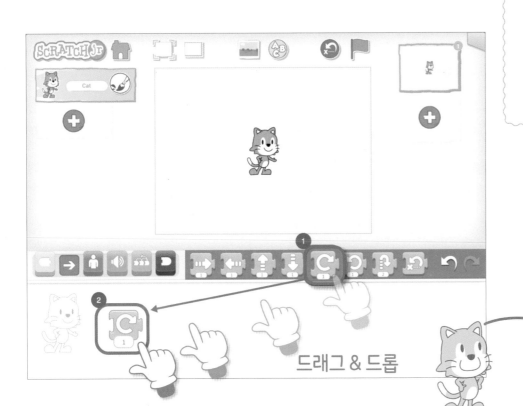

드래그 & 드롭

빙글~♪

야옹이가 어떻게 움직이나요?

[돌기-] 블록으로 야옹이를 다시 원래대로 돌아오게 해보세요.

[돌기- 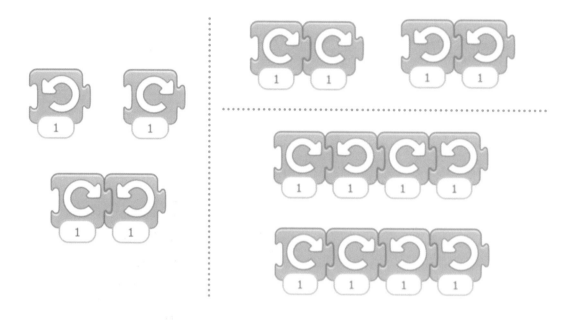] 블록으로 재미난 춤동작을 만들어 보세요.

[점프-] 블록을 이용해서 야옹이에게 펄쩍 뛰는 법을 가르쳐 주세요.

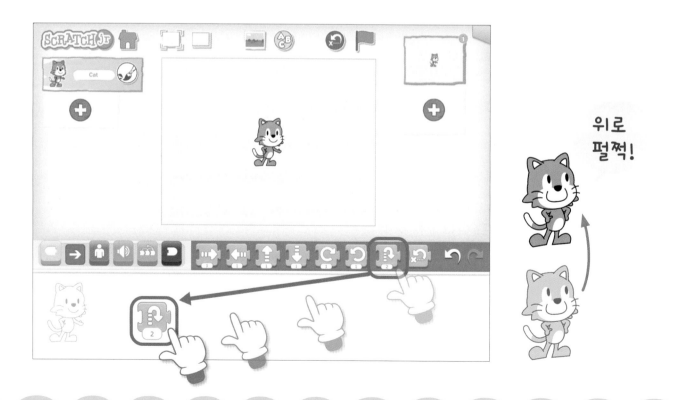

위로
펄쩍!

야옹이가 어떻게 움직이나요?

[점프-] 블록을 여러 개 이용해서 야옹이를 펄쩍 펄쩍 뛰게 해보세요.

이제 야옹이는 기본적인 춤동작을 모두 배웠어요.

아래의 다섯가지 블록을 이용해서 재미있는 춤을 만들어 보세요.

같이 춤추자!
♫♪

 친구들에게 야옹이의 멋진 춤 솜씨를 보여주세요.

무대가 있으면 좋겠어.

TIP 멋진 춤을 추는 야옹이의 모습을 미리 살펴보세요.

＊ 유튜브 영상, QR코드

야옹이를 위한 무대를 만들어 주세요.

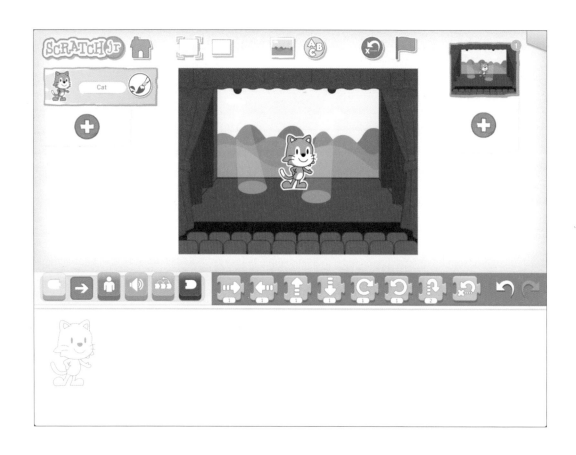

야옹이의 춤을 보러 온 친구들도 있어야겠죠?

아래의 블록을 여러 개 이용해서 멋진 춤을 만들어 보세요.

나의 실력을
보여줄 차례야!

이제 야옹이의 멋진 춤 솜씨를 보여 주세요!

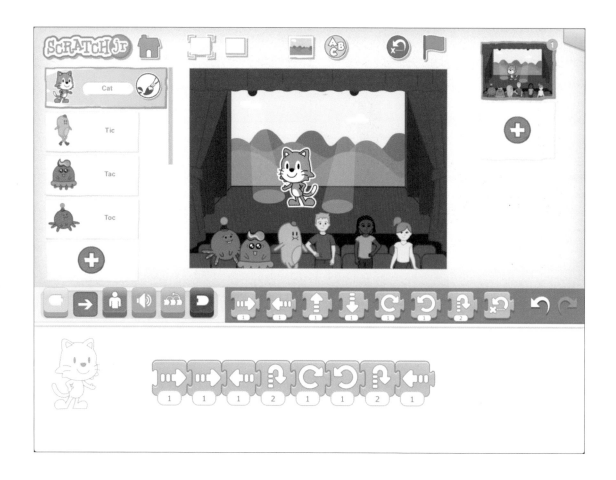

야옹이에게 춤을 열심히 가르쳐 준 여러분 덕분에 야옹
이는 모든 친구들의 스타가 되었답니다.

고마워 ♥

2-4 엄마와 함께

 **내가 엄마께**

- 야옹이가 출 수 있는 춤 동작들에 대해 알려주세요.
- 야옹이에게 가르쳐 준 멋진 춤을 보여주세요.

 엄마가 나에게

- 우리 아이가 야옹이에게 다양한 춤을 가르쳐 줄 수 있도록 생각 질문을 해주세요.
- 블록을 아래에 드래그 앤 드롭하고 터치하면 블록이 작동한다는 것을 가르쳐 주세요.
- 움직임 블록 가족의 쓰임을 가르쳐 주세요.
- 아이들은 위, 아래 움직임에 아직 익숙하지 않아요. (위, 아래 움직임 블록은 다음에 가르쳐 주세요.)

1 새로운 친구들을 많이 만났어요.

어디가는
길이야?

학교 가고
있어

2

저기가 학교야.
친구들도 많지.

나도
가볼래~

3 학교는
어떤 곳일까?

무라고
말하지?

4 야옹이는 친구들에게
무슨 말을 하면 좋을까요?

말하기를
도와줘!

03 학교에 간 야옹이

야옹이는 댄스파티에서 새로운 친구들을 많이 만났어요.

 친구가 많이 생긴 야옹이는 용기 내어 학교에 가기로 했어요.

처음 학교에 가는 날 야옹이는 설레어 가슴이 두근거렸 어요.

 어떤 친구들을 만나게 될까요?

친구들에게 무슨 말을 하면 좋을까요?

 여러분이 야옹이를 도와주세요.

야옹이는 하고 싶은 말이 많아요.

모양 블록 가족 을 눌러보세요.
여러 가지 모양의 블록이 있어요.

야옹이에게 말하는 방법을 가르쳐 주려면 어떤 블록이 필요할까요?

TIP 야옹이를 어떻게 말하게 할 수 있는지 미리 살펴보세요.

* 유튜브 영상, QR코드

TIP 말하기란 만화처럼 말풍선에 캐릭터가 하는 말을 보여주는 것이예요.

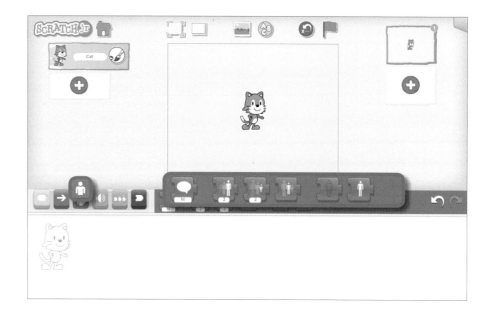

 블록으로 야옹이를 말하게 할 수 있어요.

드래그 & 드롭

이 블록을 [말하기-] 블록이라고 합니다.

[말하기-] 블록을 아래 칸으로 드래그 앤 드롭 하세요.

이제 블록을 눌러 보세요. 야옹이는 어떻게 되나요?

쿼티(QWERTY)

나랏글자판

천지인

인사말을
어떻게 할까?

야옹이가 친구를 만나서 무슨 말을 하면 좋을까요?

[말하기-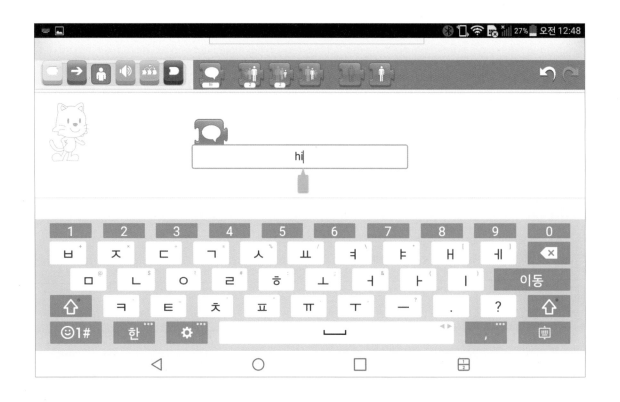] 블록 밑에 적힌 'hi'를 클릭하면 키보드가 나타납니다.

▨ 로 'hi'를 지우고 '만나서 반가워!'라고 써 보세요.

TIP 처음 태블릿을 다루는 어린이는 키보드로 글쓰기가 어려울 수 있으므로 글을 쓰는 것을 도와주세요.

만나서
반가워!

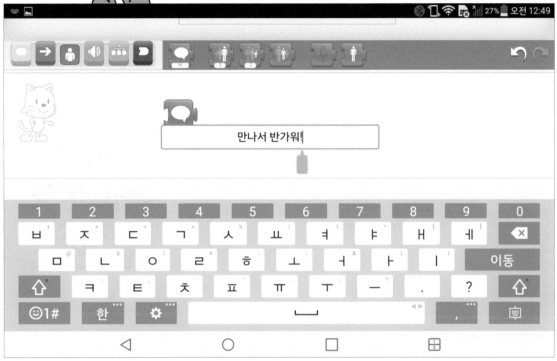

[말하기-] 블록을 눌러 보세요. 야옹이가 무슨 말을 하
나요?

[말하기-] 블록을 여러 개로 늘려 보면서 야옹이의 자기
소개 연습을 도와주세요.

3-2 야옹이의 자기소개

 드디어 친구들 앞에 나설 시간이에요.

야옹이를 교실로 보내 주세요.

TIP 자기소개를 하는 야옹이의 모습을 미리 살펴보세요.

* 유튜브 영상, QR코드

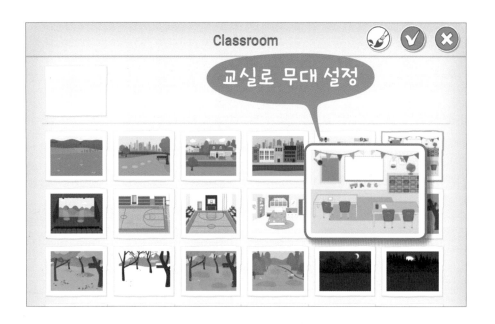

칠판 앞에서 소개를 하는 것이 좋겠네요.

야옹이를 드래그 앤 드롭 해서 칠판 앞으로 옮기세요.

친구들도 있어야겠죠? 같은 반 친구들을 불러오세요.

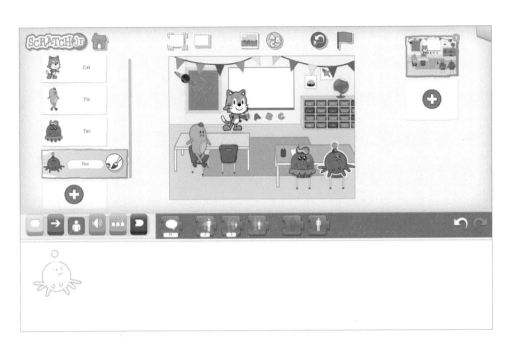

[말하기-] 블록을 여러 개 붙여서 친구들에게 인사와
자기소개를 해 보세요.

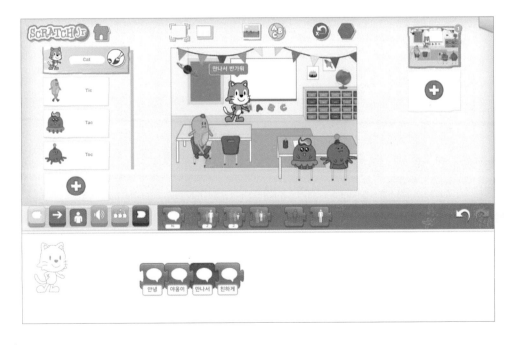

무슨말을 하면
좋을까?

잘 했어요! 야옹이가 멋지게 자기소개를 했네요.

야옹이의 소개를 들은 친구들이 무슨 말을 할까요?

왼쪽 옆을 보면 야옹이와 함께 교실에 있는 친구들이 있어요.

이 중에 [틱 - 🐟] 을 눌러보세요.

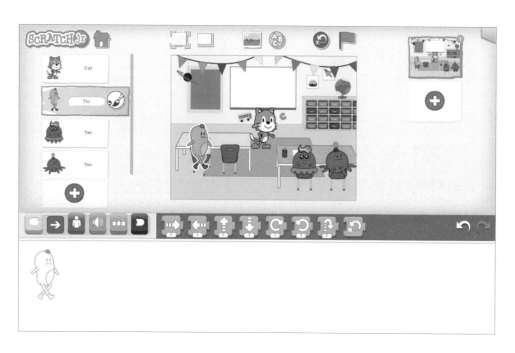

아래 칸의 그림이 야옹이에서 [틱 - 🐟]으로 바뀌었네요.

[틱 - 🐟]이 야옹이에게 "만나서 반가워!", "친하게 지내자!" 라고 말하게 해 보세요.

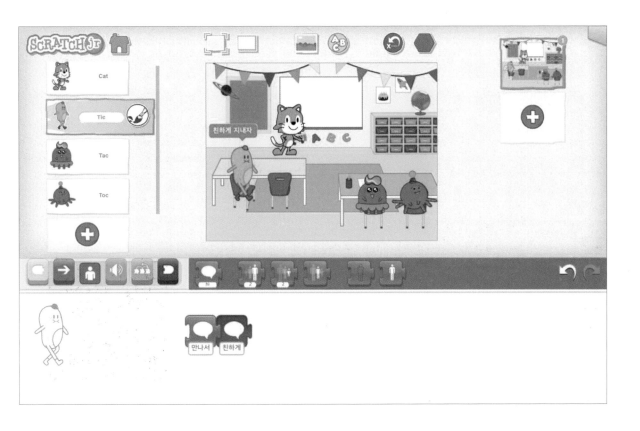

다른 친구들과도 함께 재미있게 이야기해 보세요.

3-3 새로운 친구를 만나요

우리 교실로 놀러와!
내가 친구들을 소개해 줄게!

TIP 새로운 친구의 모습을 미리 살펴보세요.

＊유튜브 영상, QR코드

 이제 여러분의 차례가 되었어요.

이번에는 여러분이 야옹이와 틱택톡의 교실로 가서 친구가 되어볼 거예요.

교실에서 친구들을 만날 마음의 준비가 되었나요?

야옹이와 친구들을 만나려면 여러분이 스크래치 나라로 들어가야겠죠?

친구들을 부를 때 사용한 버튼은 무엇이었나요?

맞아요. ➕ 버튼을 눌러 보세요.

 여러 가지 그림 중에 얼굴에 눈코입이 없는 사람을
골라 클릭하세요.

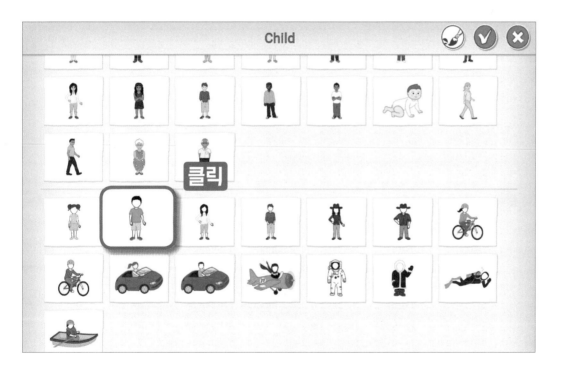

 새로 나타난 사람에 여러분의 얼굴을 넣을 거예요.

붓 모양 버튼 🎨을 클릭해 보세요.

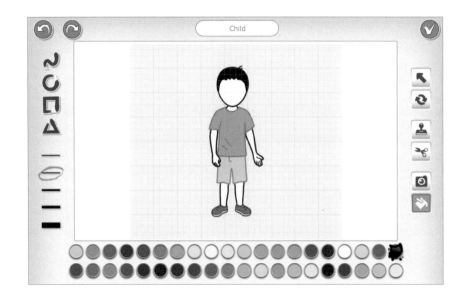

TIP 태블릿을 처음 다루는 어린이에게는 카메라 사용법이 어려울 수 있어요. 카메라로 얼굴을 찍는 것을 도와주세요.

화면이 바뀌었나요?

카메라 모양의 버튼 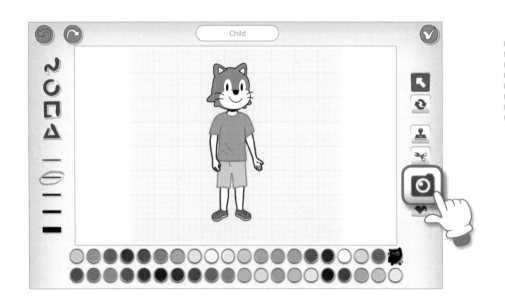 을 누르고 사람의 얼굴을 터치하세요.

이제 사진을 찍으면 여러분이 스크래치 나라로 들어갈 수 있어요.

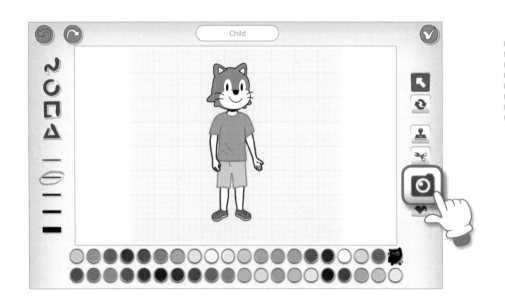

TIP 아이의 성공 경험에 대해 크게 칭찬해 주세요.

눈, 코, 입을 얼굴에 잘 맞추고 카메라 버튼을 누르면!
자 이제 여러분도 야옹이네 반 친구가 되었어요.

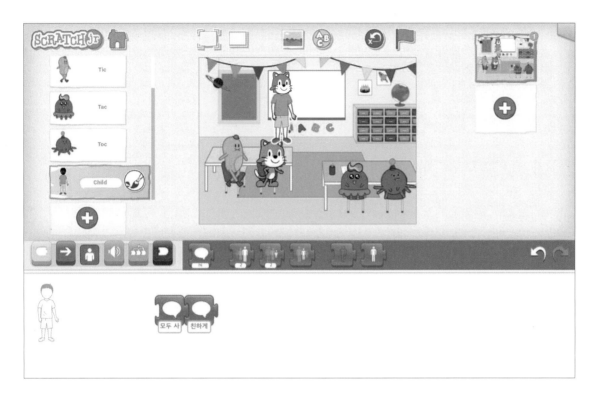

친구들과 반갑게 인사해 보세요.

우리반 친구가 된 걸
환영해. ♥

 내가 엄마께

- 야옹이가 말하기 연습을 하게 된 이유를 알려주세요.

- 야옹이가 친구들에게 인사와 자기소개 하는 모습을 보여 주세요.

- 엄마에게 야옹이 반에 있는 나의 모습을 보여주고 스크래치 나라로 들어갈 수 있는 방법을 함께 이야기 해 보세요.

 엄마가 나에게

- 친구들을 만났을 때 반갑게 인사하고 자기소개 하는 방법을 함께 이야기 해 주세요.

- 그림 편집기로 우리 아이만의 캐릭터를 만드는 과정을 도와 주세요.

- [말하기- 🔲] 블록의 쓰임을 가르쳐 주세요.

  ☑ [말하기- 🔲] 블록 : 캐릭터에 말풍선을 달아 특정한 말을 하게 합니다.

1 학교는 즐거운 곳이었어요.

2 택과 톡이 신이나서 말했어요.

오늘은
소풍가는날!

3 야옹이는 걱정이 되기 시작했어요.

신기한 일들이
많이 일어난다.

마법의 숲

04 마법의 숲으로 출발!

야옹이는 학교에 가는 것이 정말 즐거워요.

 친구들과 공부도 하고 재미있는 놀이도 하거든요.

오늘은 친구들과 함께 마법의 숲으로 소풍을 가기로 했어요.

 마법에 걸린 숲일까요?

야옹이는 한 번도 가보지 않은 마법의 숲이 궁금했어요.

 마법의 숲에서는 몸이 커지기도 작아지기도 한대요.

모양 블록 가족 🧍을 눌러보세요.

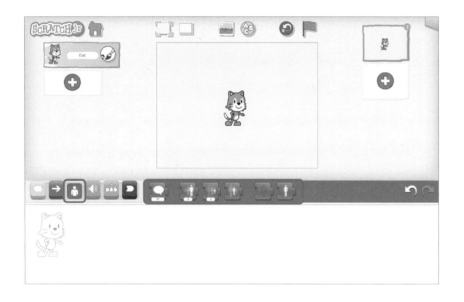

여러 가지 모양의 블록이 있어요.

야옹이의 크기를 바꾸기 위해서는 어떤 블록

을 사용하면 될까요?

TIP 커지고 작아지는 야옹이의 모습을 미리 살펴보세요.

* 유류브 영상, QR코드

TIP 보라색 버튼은 말하기, 크기, 사라지기 등 캐릭터의 형태와 관련된 블록을 모아놓았습니다.

[크기- 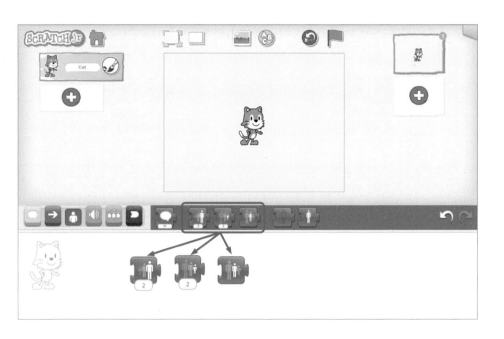]블록으로 야옹이의 크기를 바꿀 수 있어요.

이 블록을 [크기-] 블록이라고 합니다.

[크기] 블록 중 [커지기-] 블록을 아래로 드래그 앤 드롭 해 보세요.

드래그 & 드롭

[커지기-] 블록을 클릭해 보세요. 야옹이가 어떻게 되나요?

[커지기-] 블록을 여러 개로 늘려 보세요. 야옹이가 어떻게 되나요?

[크기-] 블록 중 [작아지기-] 블록을 아래로 드래그 앤 드롭 해 보세요.

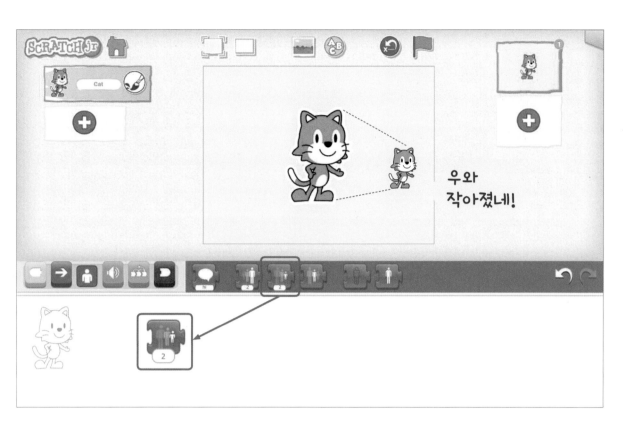

[작아지기–] 블록을 클릭해 보세요.

야옹이가 어떻게 되나요?

[작아지기–] 블록을 여러 개로 늘려 보세요.

야옹이가 어떻게 되나요?

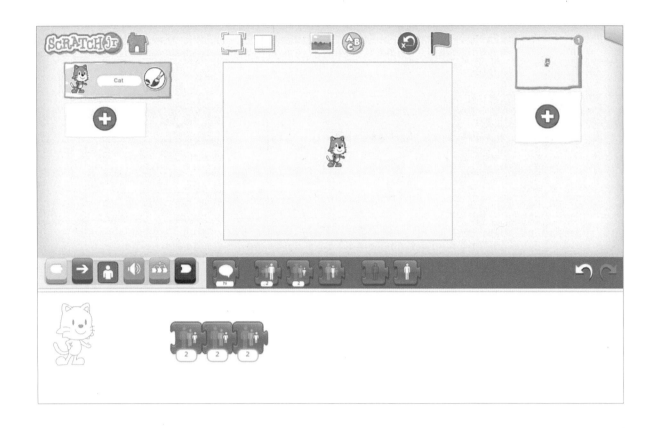

이제 야옹이는 친구들처럼 마법의 숲 속에서 커지는 방법과 작아지는 방법을 알게 되었어요.

맨 처음 야옹이의 모습으로 돌아오게 하려면 어떻게 해야 할까요?

[크기-] 블록 중 [처음 크기로-] 블록을 아래로 드래그 앤 드롭 하세요.

[처음 크기로- ] 블록을 클릭해 보세요.

야옹이가 어떻게 되나요?

4-2 야옹이가 사라졌다!

야옹이가 틱, 택과 함께 놀다 보니 톡이 없어진 것을 알게 되었어요.

톡이
없어졌다!

주위를 둘러보았지만 어디에서도 톡의 모습을 찾을 수 없었어요.

두리번   두리번   "톡이
어디에 간거지?"

틱과 택은 야옹이의 어리둥절한 모습을 보고 재미있어 했어요.

ㅋㅋ
ㅋㅋ

그 때였어요. 야옹이의 옆에서 톡이 나타났어요.

짜잔!!   "나
여기있어!"

알고 보니 마법의 숲에서 친구들은 사라졌다 나타날 수 있었어요.

어! 이번엔
택이 없어졌네?

야옹이도 친구들처럼 사라졌다 나타나는 방법을 알고 싶어요.

우리 친구들이 도와줄 수 있지요?

궁금해!
어떻게 한거야?

모양 블록 가족 을 누르면 오른 편에 나온 블록들 중 희미한 사람이
그려져 있는 [감추기−] 블록이 있어요.

[감추기−] 블록을 아래 칸으로 드래그 앤 드롭 해 보세요.

드래그 & 드롭

[감추기−] 블록을 클릭하면? 어때요? 야옹이가 사라졌나요?

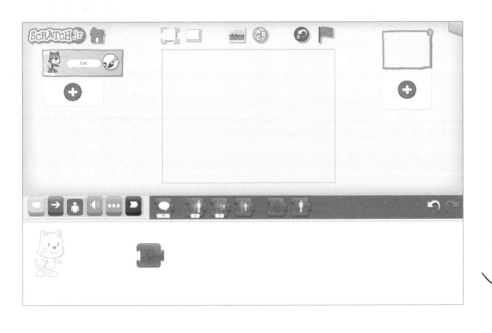

앗! 야옹이가
사라졌다!

[감추기-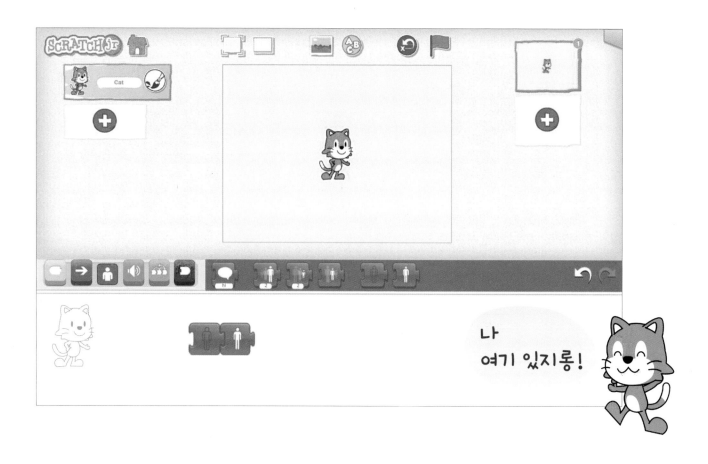] 블록 옆에 있는 사람 모양 블록은 [보이기-] 블록이에요. [감추기-] 블록 옆에 [보이기-] 블록을 이어 붙여 보세요.

블록들을 누르면 야옹이는 어떻게 되나요?

나
여기 있지롱!

[감추기- 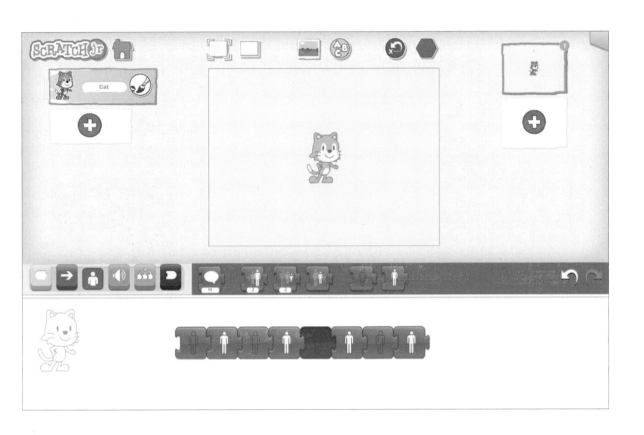] 블록과 [보이기-] 블록으로 야옹이가 여러 번 사라졌다 나타나게 해 보세요.

야옹이와 친구들은 마법의 숲 속에서 숨바꼭질 놀이를 하기로 했어요.

야옹이, 틱, 택, 토와 마법의 숲으로 가 볼까요?

야옹이와 친구들을 숲 속으로 보내 주세요.

야옹이와 친구들을 드래그 앤 드롭해서 원하는 위치에 데려오세요.

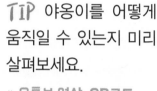

TIP 야옹이를 어떻게 움직일 수 있는지 미리 살펴보세요.

* 유튜브 영상, QR코드

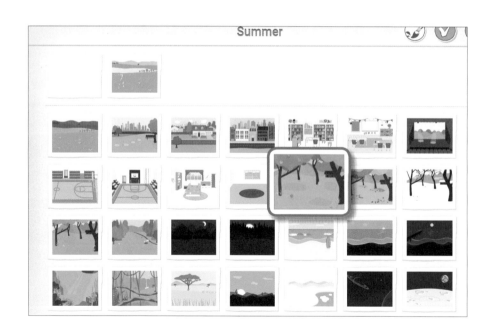

먼저 야옹이를 숨었다가 나타나게 해 보세요.

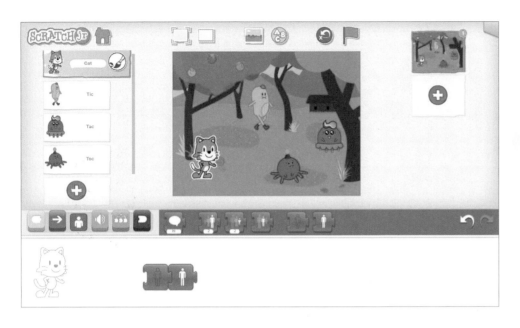

사라지는
방법
기억나지?

친구들이 함께 숨바꼭질 놀이를 할 수 있도록 틱, 택, 톡도
함께 숨었다가 나타나게 해 보세요.

야옹이와 친구들이 숨어 있다가 다시 나타날 때 위치가 바뀌
도록 하려면 어떻게 하면 될까요?

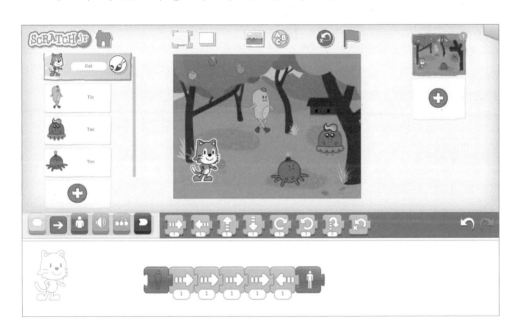

잘 했어요! 야옹이와 친구들이 재미있는 숨바꼭질 놀이를 할 수 있게 되었네요!

내 캐릭터를 만들어서 스크래치에서 숨바꼭질 놀이를 해 보면 더 재미있겠지요?

이리와~
같이 놀자!

여러분도 친구들과 함께 재미있는 숨바꼭질 놀이를 해 보세요.

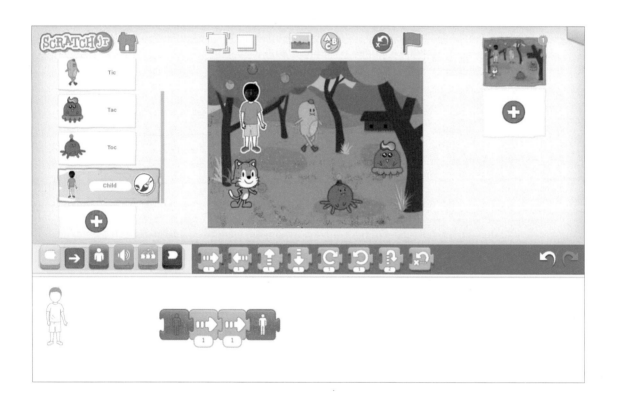

4-4 엄마와 함께

 내가 엄마께

- 엄마에게 마법의 숲에서 있었던 일들을 이야기해 주세요.

- 엄마에게 야옹이와 친구들이 숨바꼭질 하는 모습을 보여주세요.

 엄마가 나에게

- 친구들과 함께 사이좋게 노는 방법에 대해서 함께 이야기 나누어 주세요.

- 모양 블록 가족의 쓰임을 가르쳐 주세요.

  ☑ [커짐– 🔲] 블록 : 캐릭터의 크기를 커지게 합니다.

  ☑ [작아짐– 🔲] 블록 : 캐릭터의 크기를 작아지게 합니다.

  ☑ [처음 크기로– 🔲] 블록 : 캐릭터의 크기를 기본 크기로 돌립니다.

  ☑ [감추기– 🔲] 블록 : 캐릭터가 천천히 사라지게 합니다.

  ☑ [보이기 – 🔲] 블록 : 캐릭터가 천천히 나타나게 합니다.

1 오늘은 정말 신나는 날이에요.

무슨 날인지
궁금하죠?

2 야옹이가 며칠 전부터 손꼽아 기다리던 운동회 날이거든요.

오예~!

3 달리기를 잘하는 야옹이는 대표 선수로 뽑혔어요.

야옹아
힘내!

야옹이 화이팅!

야옹이의 멋진 모습을 기대해 보아도 될까요?

05 누가누가 더 빠를까?

야옹이는 정말 신이 났어요. 기다리고 기다리던 운동회 날이거든요.

 달리기를 잘 하는 야옹이는 대표 선수로 뽑혀 친구들의 기대를 한 몸에 받았답니다.

야옹이가 운동회에서 멋진 모습을 보여줄 수 있도록 여러분이 도와주세요.

5-1 빠르게 더 빠르게!

 야옹이를 빠르게 달리도록 해 볼까요?

여러분의 도움과 응원이 있으면 야옹이가 더 잘 달릴 수 있을 것 같대요.

달리기 연습을 하고 싶은 야옹이를 우리 친구들이 도와줄 수 있나요?

제어 블록 가족 을 눌러보세요.

TIP 야옹이를 어떻게 움직일 수 있는지 미리 살펴보세요.

* 유튜브 영상, QR코드

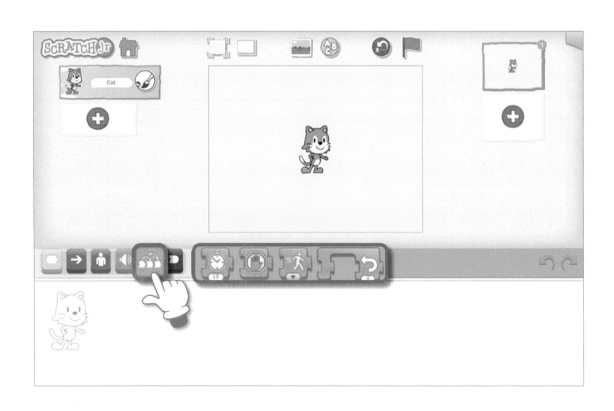

여러 가지 모양의 블록이 있어요. 야옹이가 빠르게 움직이게 하기 위해서는 어떤 블록을 사용하면 될까요?

[속도-] 블록으로 야옹이를 좀 더 빨리 움직이게 할 수 있어요.

이 블록을 [속도-] 블록이라고 합니다.

움직임 블록으로 야옹이를 원하는 곳까지 움직이게 해 보세요. 야옹이가 원하는 곳으로 움직였나요?

[속도-] 블록을 아래로 드래그 앤 드롭 해 보세요.

[속도-] 블록을 여러분이 만든 움직임 블록 앞에 붙여 보세요.

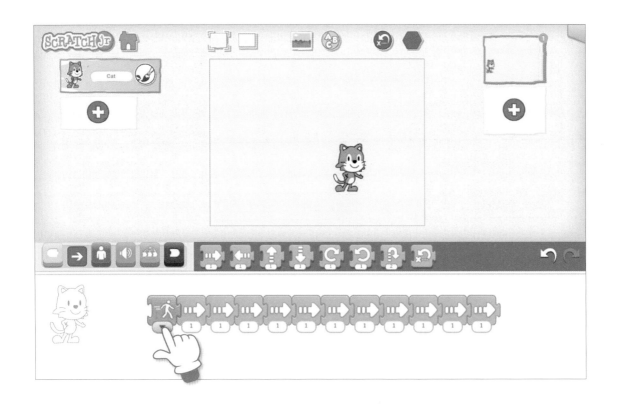

[속도 - ] 블록 아래의 조그만 화살표(▾)를 누르면 야옹이를 빠르게 달리거나 천천히 걷게 할 수 있어요.

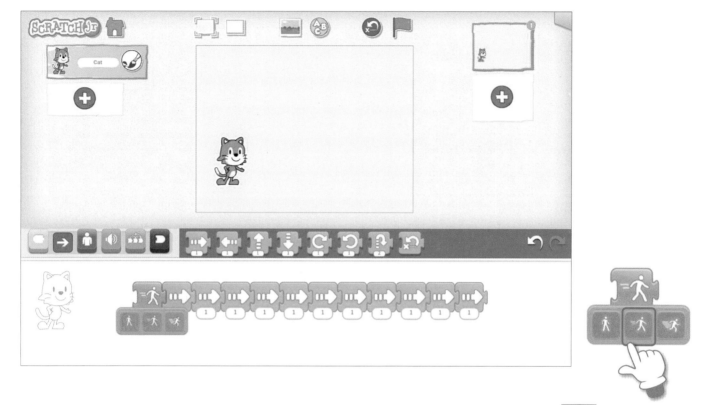

 화살표를 눌러 나타난 블록들 중 빠르게 걷는 사람 모양  을 눌러 보세요. 그리고 블록을 실행해 보세요.

 야옹이가 어떻게 움직이나요?

빨라졌네.

빠르게 뛰는 사람 모양  을 선택해 보세요.

야옹이가 어떻게 움직이나요?

더 빨리
가볼까~

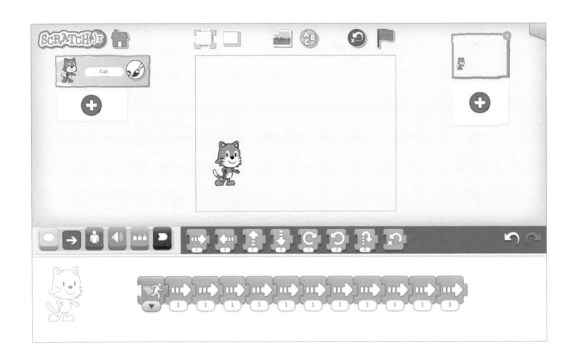

천천히 걸으려면 어떤 모양을 선택해야 할까요?

천천히 걷는 사람 모양 을 선택해 보세요. 야옹이가
어떻게 움직이나요?

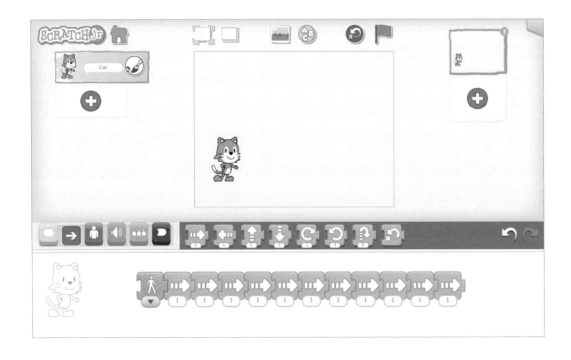

5-2 잠깐! 잠깐!

 야옹이네 달리기 시합에는 잠깐 멈추기 규칙이 있어요.

제어 블록 가족 을 누르면 오른편에 나온 블록들 중 [시계-] 블록이 있어요.

TIP 야옹이를 어떻게 움직일 수 있는지 미리 살펴보세요.

＊유튜브 영상, QR코드

잠깐 멈추기 규칙이라구? 재밌겠는걸!

[시계–🕙] 블록을 아래로 드래그 앤 드롭 해 보세요.

[시계–🕙] 블록을 눌러 보세요. 어떤 일이 생겼나요?

[시계–🕙] 블록을 사용하면 야옹이를 원하는 시간만큼 잠
    깐 기다리게 할 수 있습니다.

[움직임–→] 블록으로 야옹이를 원하는 곳까지 움직여보세요.

만든 [움직임–→] 블록 앞에 [시계–🕙]
블록을 넣고 터치해보세요. 어떻게 움직이나요?

[움직임–→] 블록 앞의 [시계–🕙] 블록을 꺼내어 [움직
임–→] 블록 사이에 넣고 터치해보세요. 어떻게 움직이나요?

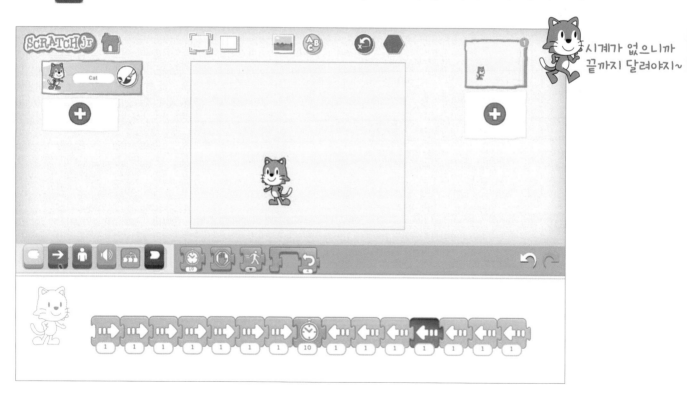

[시계-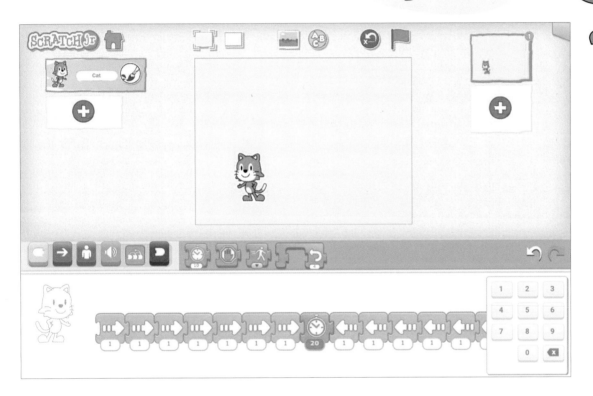] 블록의 아래에 있는 조그만 숫자를 누르면 수를 넣을 수 있는 숫자 패드가 나타납니다. 숫자를 바꾸고 다시 야옹이를 움직여 보세요.

숫자 패드로
시간을 길게, 짧게
바꿀 수 있구나~

야옹이가 서 있는 화면 끝에 나무를 만들어 주세요.

야옹이가 나무까지 뛰어갔다가 잠시 기다린 뒤 다시 돌아오도록 만들어 보세요.

자!
준비~

잠깐!

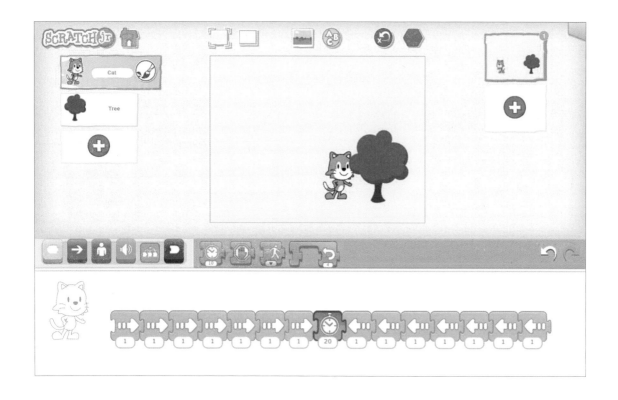

여러분이 생각한 대로 야옹이가 잘 움직였나요?

규칙이 있는
달리기도 정말
재미있는걸?

 야옹이와 친구들이 달리기 시합을 한대요.

 이제 연습은 충분해!
친구들과 시합을 해보자

이제 야옹이와 친구들은 달리기 시합을 할 거에요. 누가 누가 규칙을 지키며 잘 달릴까요?

야옹이와 친구들을 들판으로 보내주세요.

TIP 야옹이를 어떻게 움직일 수 있는지 미리 살펴보세요.

* 유튜브 영상, QR코드

규칙을 잘 지키는 것도 중요해!

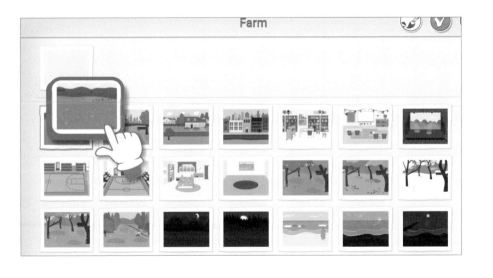

야옹이와 친구들을 드래그 앤 드롭 해서 원하는 위치에 데려오세요.

⬜을 눌러보세요. 첫 번째에 있는 초록색 깃발 블록 🚩은 무슨 일을 할까요?

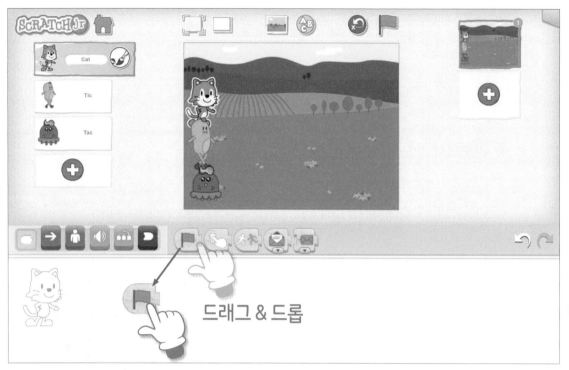

드래그 & 드롭

자~ 우리 모두
동시에 달리기
시작하는거야!
준비!

[초록색 깃발-] 블록은 야옹이와 친구들이 동시에 움직여야 할 때 사용합니다.

야옹이와 틱, 택을 선택하고 [깃발] 블록을 각각 드래그 앤 드롭 해주세요.

먼저 규칙
쪽지를 골라!

[초록색 깃발] 블록 뒤에 블록을 넣으면 [깃발-] 버튼 을 눌렀을 때 동시에 움직이게 됩니다.

야옹이는 아주 재빠르지만 두 번 쉬었다가 가야합니다. 어떤 블록을 사용하면 좋을까요?

내건
이거야

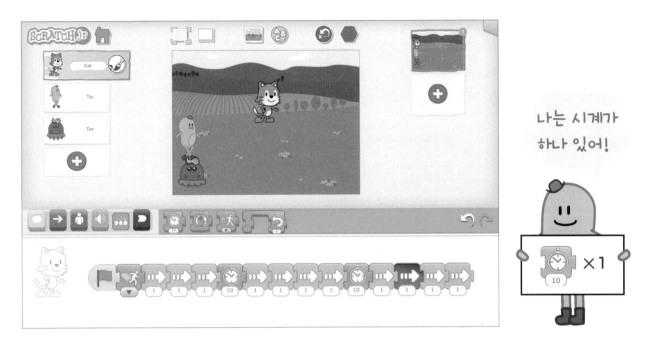

나는 시계가
하나 있어!

틱은 빠르게 걸을 수 있지만 한 번 쉬었다가 가야 합니다.

어떤 블록을 사용하면 좋을까요?

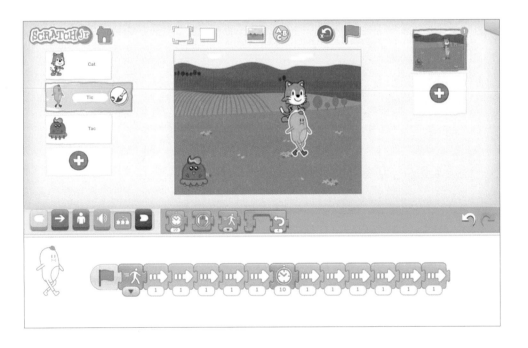

택은 천천히 걸어가지만 쉬지 않고 끝까지 갈 수 있습니다.
어떤 블록을 사용하면 좋을까요?

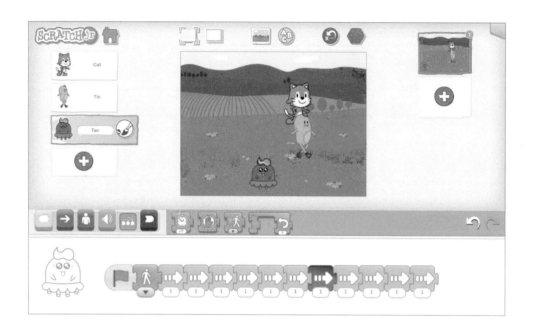

어?
내 쪽지는
비어있어!

[초록색 깃발– ] 버튼을 누르고 여러분이 원하는 대로
친구들이 움직이는지 확인해 보세요.

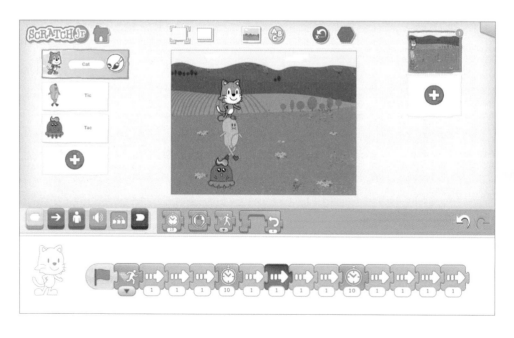

이제
달리기를 시작해 볼까?

 내가 엄마께

- 야옹이네 달리기 시합의 규칙을 엄마에게 알려주세요.
- 엄마에게 야옹이와 친구들이 달리는 모습을 보여주세요.

 엄마가 나에게

- 친구들과 시합을 할 때 이기는 것도 좋지만 규칙을 잘 지키는 것도 중요하다는 이야기를 함께 나누어 주세요.

- 초록색 깃발 블록을 사용하면 여러 가지 캐릭터를 동시에 움직이게 할 수 있어요.

- 제어 블록 가족의 쓰임을 가르쳐 주세요.

  ☑ [시계-⏱] 블록 : 정해진 시간 동안 기다리게 합니다.

  ☑ [속도-🚶] 블록 : 블록이 실행되는 속도를 바꿀 수 있습니다.

89

1 야옹이네 학교에서 학예발표회가 열린대요.

나는 학예발표회에서 춤을 출거야.

나는 피아노를 칠래!

태권도 실력을 보여줄까?

2 참! 야옹이는 노래하는 걸 좋아하지요.

무엇을 해야 하지?

맞다!

나는 노래를 부를거야!

③ 친구들도 야옹이의 노래를 잔뜩 기대하고 있네요.

야옹이가
노래를 한대~

무슨 노래
부를 거야?

정말!

④ 야옹이가 노래를 부를 수 있게 해 볼까요?

자!
오늘부터 연습이야!

아~ 🎵 ♪

여러분도 야옹이의 노래가 궁금하지요?

06 두근두근 학예발표회

오늘은 야옹이네 학교에서 학예발표회가 열리는 날입니다.

야옹이는 야옹야옹 노래하는 것을 참 좋아합니다.

친구들도 야옹이의 노래가 듣고 싶어 잔뜩 기대하고 있네요.

야옹이가 즐겁게 노래할 수 있도록 여러분이 도울 수 있을까요?

여러분도 야옹이네 학교 학예발표회에 참가하고 싶지요?

6-1 멋지게 노래해요

야옹이에게 노래를 잘 하는 방법을 알려주세요.

소리 블록 가족 을 눌러보세요.

오른편에 모양과 모양의 블록이 나와요.

야옹이가 노래를 하게 하려면 어떤 블록을 사용해야 할까요?

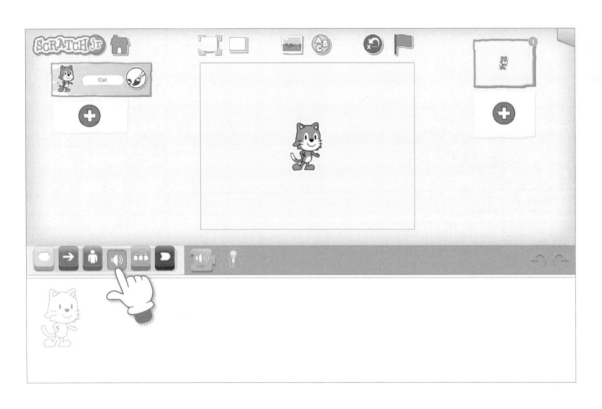

힌트!
노래를 할 때
필요한 거야.

[마이크- 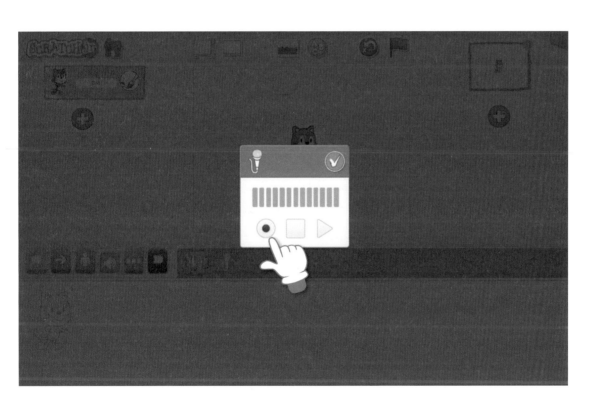] 블록으로 야옹이가 소리를 내도록 할 수 있어요.

[마이크-] 블록으로 야옹이에게 여러 가지 소리를 가르쳐 보세요.

[마이크-] 블록을 한 번 누르면 소리를 녹음할 수 있는 소리 패드가 나타납니다.

녹음 버튼 ◉을 누르고 소리를 저장해 보세요.

TIP 마이크 블록은 소리를 녹음해야 사용할 수 있습니다. 마이크 버튼을 눌러 마이크 블록을 만드는 것을 도와 주세요.

녹음이 끝나면 가운데의 [정지- □] 버튼을 누르세요.

오른쪽의 [재생- ▷] 버튼을 누르면 여러분이 녹음한 소리를 들을 수 있어요.

소리가 잘 녹음되었다면 ✓ 버튼을 누르세요. 여러분이 저장한 소리가 [마이크- 🎤] 블록이 되어 나타납니다.

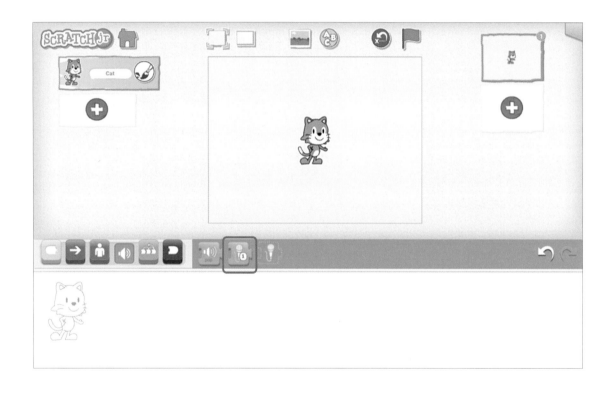

여러분이 만든 [마이크- 🎤] 블록을 드래그 앤 드롭 해 보세요.

[마이크- ] 블록을 클릭하여 야옹이가 노래를 부르게 해 봅시다.

야옹이가 노래를 잘 부르나요?

아기 상어
뚜루두뚜~

이제 노래연습을
제대로 해 볼까?

TIP 야옹이를 어떻게
움직일 수 있는지 미리
살펴보세요.

＊ 유튜브 영상, QR코드

 야옹이에게 같은 노래를 여러 번 하게 해 보세요.

제어 블록 가족 🔽을 누르면 오른 편에 나온 블록들 중 되돌아가기 화살표  가 있는 블록이 있어요.

이 블록은 모양이 다르게 생겼지요? 다른 블록들과 쓰임새가 다르기 때문이에요.

이 블록을 [반복-] 블록이라고 합니다.

TIP 반복 블록은 매우
높은 수준의 개념입니
다. 아이의 연령과 발
달 수준에 따라 알맞게
지도하세요.

[반복–] 블록을 아래 칸으로 드래그 앤 드롭 해 보세요.

이제 [반복–] 블록을 눌러 보세요. 어떤 일이 생겼나요?

아무런 일이 생기지 않았지요?

[반복–] 블록은 혼자서는 아무런 일도 할 수 없어요.

[반복–] 블록 안에 비어있는 부분이
보이나요?

여러분이 만든 [마이크–] 블록을
여기에 넣어보세요.
그리고 클릭해 보세요.

나는 다른 친구가
도와주어야만 일을
할 수 있어

내가
도와줄게!

합체!

이제 같이
움직여볼까?

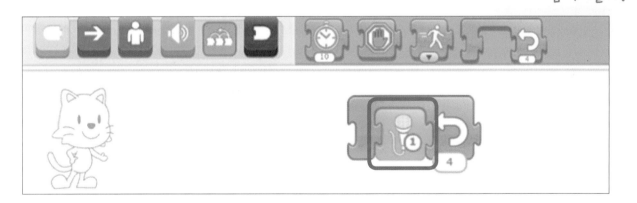

[반복–] 블록을 사용하면 야옹이를 여러 번 노래하게 할 수 있
습니다.

여러 가지 다른 블록을 같이 넣어보세요. [반복-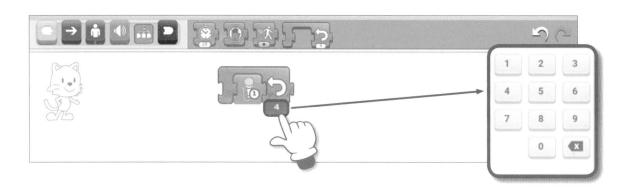] 블록 안에 있는 블록들이 여러 번 실행되나요?

[반복-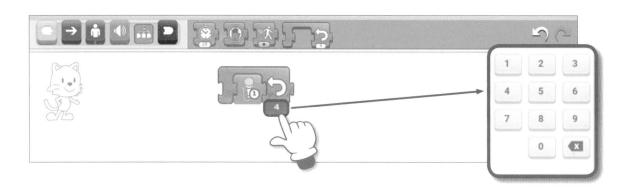] 블록 아래에 있는 조그만 숫자를 눌러보세요. 숫자 패드가 생기지요? 여러분이 원하는 만큼 바꾸어보세요.

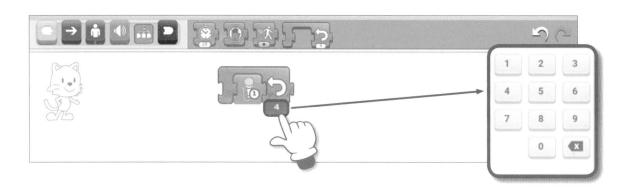

야옹이가 앞으로 한 번 움직인 다음 노래 부르는 것을 네 번 반복해보세요.

앞으로 움직이고   노래를 부르려면

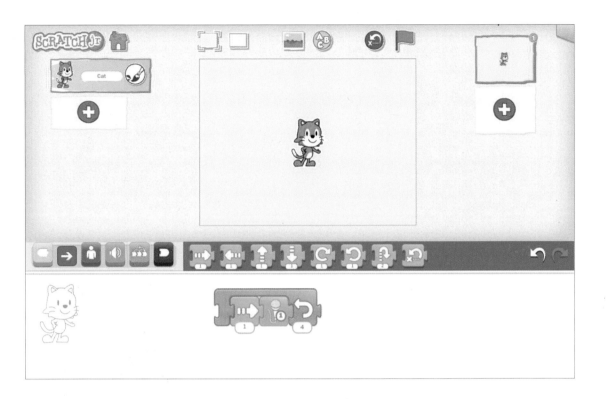

성공했다고요? 정말 대단해요!

[반복-] 블록을 사용하면 어떤 점이 좋은가요?

이제 드디어
내 차례야!

TIP 춤추고 노래하는
야옹이의 모습을 미리
살펴보세요.

* 유튜브 영상, QR코드

 야옹이가 노래도 부르고 춤도 추고 싶대요.

야옹이를 무대 위로 보내 주세요.

친구들을 드래그 앤 드롭 해서 관객석의 원하는 위치에 데려오세요.

야옹이에게 춤을 가르쳐 주세요.

어떤 춤을 추게 하고 싶나요?

야옹이에게 노래를 가르쳐 주세요.

여러분이 좋아하는 어떤 노래도 좋아요.

야옹이가 노래 부르기와 춤추기를 여러 번 반복하도록 만들어
주세요.

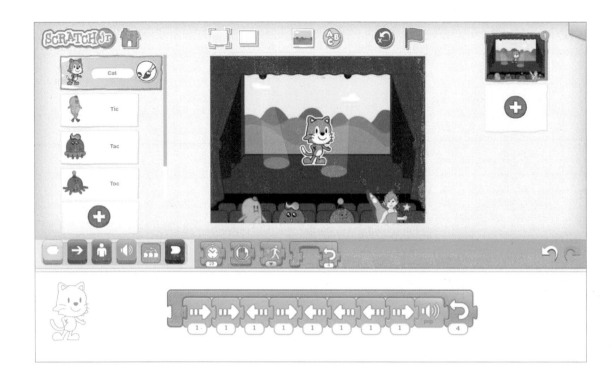

여러분도 학예발표회에 참가하고 싶다고요?

좋아요! 캐릭터에 여러분의 얼굴을 넣고 함께 참가해 보세요.

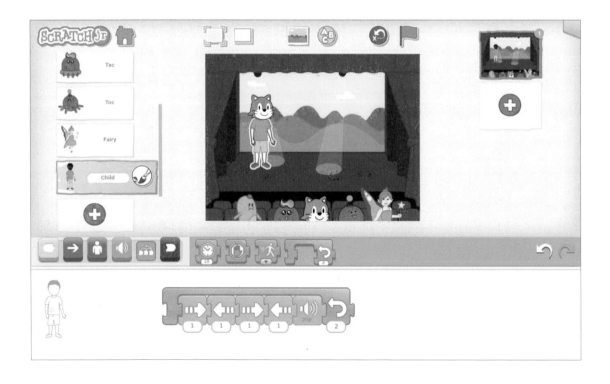

6-4 엄마와 함께

  내가 엄마께

- 야옹이가 노래 연습을 시작한 이유를 엄마에게 알려주세요.

- 엄마에게 야옹이네 학예 발표회 모습을 보여주세요.

- 엄마에게 무대에서 노래하는 나의 모습을 보여주세요.

 엄마가 나에게

- 학예 발표회에서 노래와 춤을 용기 있게 발표한 야옹이와 우리 아이를 칭찬해 주세요.

- 우리 아이가 자신 있게 잘 할 수 있는 것들에 대해 함께 이야기를 나누어 주세요.

- 소리 블록 가족의 쓰임을 가르쳐 주세요.

  ☑ [마이크─ 🎤] 블록 : 소리를 녹음해 재생합니다.

- 제어 블록 가족의 쓰임을 가르쳐 주세요.

  ☑ [반복─ 🔁] 블록 : 테두리 안에 넣은 블록들을 여러 번 반복합니다.

1 신나는 여름방학이 시작되었어요.

덥다 더워.
시원한 바다에
가고 싶어.

우리 바다에
가자!

2 야옹이와 친구들은 바다로 여행을 떠나기로 했어요.

어디 보자..튜브도
챙기고 물안경도
가져가야지!

우리 튜브가 필요없어!
바닷속을 여행할 거거든!

3 야옹이는 바다에서 필요한
준비물을 챙기느라 정신이 없었어요.
그 때 틱이 웃으며 말했어요.

4 "바닷 속을 여행한다구?" 야옹이는 깜짝 놀랐어요.
바닷 속에서는 어떤 모험이 기다리고 있을까요?
우리 함께 바닷속으로
떠나보아요.

인어공주를
만날 수 있을까?

07 바닷속을 여행해요

신나는 여름방학이 왔습니다. 야옹이와 친구들은 즐거운 여행을 떠나기로 했어요.

어디로 갈까? 야옹이와 친구들은 머리를 맞대고 생각했습니다.

"아 그렇지! 더운 여름에는 역시 바다로 가는 게 좋겠어!"

바다로 여행을 떠나게 된 야옹이와 친구들. 어떤 모험이 기다리고 있을까요?

신나는 바다 속 여행을 할 수 있도록 여러분이 도와주세요.

7-1 야옹이가 헤엄쳐요

 나는 바다속이 처음인데 수영할줄몰라 어쩌지?

 야옹이에게 바다 속에서 헤엄치는 법을 가르쳐 주세요.

야옹이를 바다 속으로 보내주세요.

우리 같이 춤추었던 기억나지?

[움직임] 블록 가족 → 을 눌러보세요.

[움직임] 블록을 사용해 야옹이를 움직여 보세요.

흔들

야옹이를 오른쪽으로 움직여 볼까요?

오른쪽으로
하나 둘 하나

이번엔 야옹이를 왼쪽으로 움직여 볼까요?

이번엔 왼쪽
으로 하나 둘
하나 둘

오른쪽, 왼쪽으로 움직이기를 성공했군요! 아주 대단해요.

야옹이가 물 위로 떠오르려면 어떤 블록을 사용하면 될까요?

TIP 바닷속은 캐릭터가 위, 아래로 움직이는 것에 대하여 쉽게 이해가 되므로 위로 이동, 아래로 이동 블록을 가르쳐주세요.

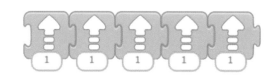

[위쪽 화살표-🔼] 블록은 위로 움직이기를 할 때 사용해요.

야옹이가 물 아래로 가라앉으려면 어떤 블록을 사용하면 될까요?

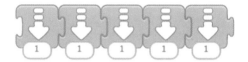

[아래쪽 화살표- ![block]] 블록은 아래로 움직이기를 할 때 사용해요.

야옹이가 다른 방향을 보게 하려면 어떤 블록을 사용하면 될까요?

다른 방향을 보게 할 때 [돌기- ] 블록을 사용할
수 있어요.

야옹이가 위로 뛰어오르려면 어떻게 하면 될까요?

[뛰어오르기-] 블록은 뛰어오르듯이 한 번 올라갔다가 내려올 때 사용해요.

여러 가지 움직임 블록으로 야옹이가 여러분의 마음대로 움직이도록 만들어 보세요.

7-2 계속 헤엄쳐!

바다 속에는 여러 동물 친구들이 함께 살고 있어요. 동물 친구들이 바다 속에서 함께 헤엄치도록 만들어 볼까요?

바다 속에 사는 동물 친구들을 불러주세요.

꽃게는 어떻게 움직일까요? 꽃게를 맨 아래에 드래그 앤 드롭하고 움직임 블록으로 꽃게를 움직이게 해 보세요.

꽃게가 내가 원하는 대로 여러 번 움직이려면 어떤 블록을 사용하면 좋을까요?

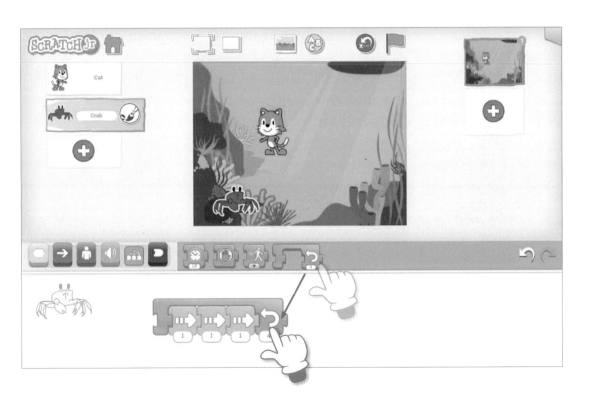

훌륭해요. 반복 블록을 사용하면 좋겠지요? 반복 블록을 사용하여 여러 번 움직이도록 만들어 보세요.

꽃게 친구는 계속 움직이고 싶다고 해요. 반복 블록을 사용하면 정해진 만큼 여러 번 움직이지만 언젠가 끝나게 되는데 어떻게 하면 좋을까요?

마무리 블록 가족 을 눌러 보세요.

화살표가 서로 이어진 블록을 드래그 앤 드롭하여 불러오세요.

꽃게 친구의 움직임 블록 맨 끝에 이 블록을 놓아보세요. 어떤 일이 생기나요?

이 블록은 끝없이 여러 번 같은 움직임을 하게 만들 때
사용해요.

이름은 [무한 반복—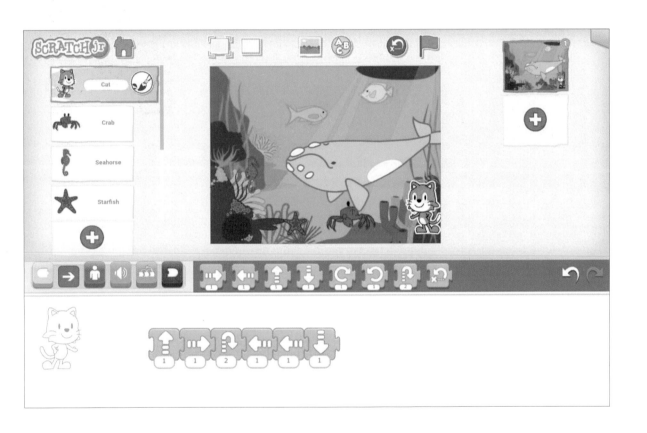] 블록이라고 해요.

꽃게 친구처럼 고래, 초록 물고기, 노랑 물고기, 해마,
불가사리 등 여러 친구들을 불러와 계속 헤엄치게 만들어
보세요.

7-3 바다 속 친구들과 얼음땡 놀이

 바다 속에서 친구들과 함께 얼음땡 놀이를 해 보세요.

TIP 야옹이와 친구들이 얼음땡 놀이를 하는 모습을 미리 살펴보세요.

* 유튜브 영상, QR코드

틱, 택, 톡을 드래그 앤 드롭 해서 바다 속 원하는 위치에 데려오세요.

얼음처럼 가만히 있다가 다른 친구가 닿으면 움직이는 얼음땡 놀이를 하려면 어떻게 해야 할까요?

시작 블록 가족 ▭을 눌러 보세요. 두 사람이 서로 닿는 모양의 블록 🏃이 있지요? 이 블록을 드래그 앤 드롭 해 보세요.

이 블록을 맨 앞에 두고 [움직임−➡] 블록을 놓아보세요. 만든 블록을 클릭해 봅시다. 어떤 일이 일어났나요?

아무 일도 일어나지 않았다고요? 그러면 다른 친구를 드래그 앤 드롭 해서 서로 닿게 해 보세요.

　얼음땡 놀이처럼 다른 친구가 닿으면 시작하도록 하는 이 블록을 [닿으면 시작하기- 🏃] 블록이라고 합니다.

　야옹이, 틱, 택, 톡이 얼음땡 놀이를 할 수 있도록 [닿으면 시작하기- 🏃] 블록을 사용하여 만들어 보세요.

 내가 엄마께

- 바다 속에서 있었던 일과 만났던 친구들을 알려주세요.

- 얼음땡 놀이 하는 방법을 알려주세요.

- 야옹이와 친구들이 바다 속에서 즐겁게 노는 모습을 엄마께 보여주세요.

 엄마가 나에게

- 아이가 수영을 하거나 바닷가나 수족관에 간 경험을 떠올릴 수 있도록 질문해 주세요.

- [시작- ⬛] 블록 가족의 쓰임을 가르쳐 주세요.

  ☑ [닿으면 시작하기- 🏃] 블록 : 캐릭터가 다른 캐릭터와 닿으면 움직이기 시작합니다.

- [마무리- ▶] 블록의 쓰임을 가르쳐 주세요.

  ☑ [무한 반복- 🔁] 블록 : 움직임을 계속 반복합니다.

오늘은 동물원에 가는 날!
동물 친구들을 만날 생각에 야옹이는 정말 설렜어요.

사파리로
출발!

08 오늘은 동물원에 가는 날

오늘은 야옹이와 친구들이 동물원에 가는 날입니다.

동물원에서는 뭐니뭐니해도 사파리 탐험이 가장 즐겁지요!

넓은 초원에서 달리는 얼룩말, 몸집이 커다란 코뿔소, 목이 기다란 기린~

그리고 동물의 왕 사자가 크아앙!

자, 모두 함께 떠나볼까요? 출발!

8-1 동물 친구들의 목소리

 동물 친구들의 목소리를 만들어 주세요.

야옹이를 사바나 초원으로 보내주세요

동물원에 살고 있는 여러 동물 친구들을 불러오세요.

몸집이 너무 커서 화면을 다 가린다고요? 걱정마세요.

[작아짐- ] 블록을 사용하면 되니까요.

소리 블록 가족 🔊 을 눌러보세요.

마이크 블록을 사용해 동물들의 목소리를 실감나게 녹음해주세요.

녹음한 소리를 담은 [마이크- 🎤] 블록을 드래그 앤 드롭 해주세요.

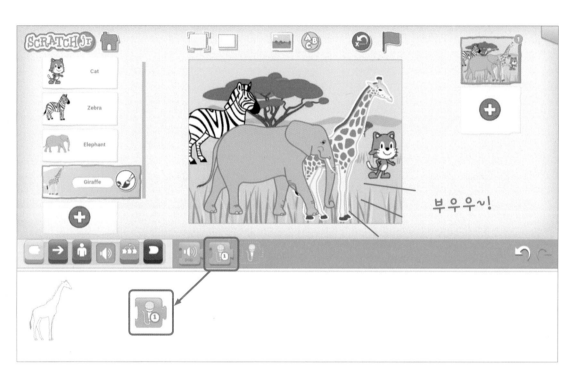

[마이크- 🎤] 블록을 클릭하면 여러분이 녹음한 동물 소리가 나오지요?

다른 동물 친구들에게도 목소리를 녹음해 주세요.

동물 친구를 터치했을 때 목소리가 나오게 해볼까요?

시작 블록 가족 을 눌러보세요. 손가락이 사람을 건드리는 모양의 블록 이 보이나요?

이 블록을 드래그 앤 드롭 해 보세요.

이 블록의 뒤에 [마이크-] 블록을 넣어보고 눌러 보세요.

어떤 일이 일어나나요?

드래그 & 드롭

 아무런 일이 일어나지 않았다면 초원의 동물 친구를 눌러 보세요. 어떤 일이 일어나나요?

 이처럼 손가락으로 건드렸을 때 어떤 일이 일어나도록 하는 블록을 [건드리면 시작하기-] 블록이라고 해요.

동물 친구들이 살아 움직이게 해 주세요.

앞에서 배운 [건드리면 시작하기-] 블록을 써서 동물 친구를 건드렸을 때 동물이 목소리를 내고 움직이도록 만들어보세요.

목소리를 낸 뒤 움직이게 하려면 어떤 블록을 쓰면 될까요?

TIP 야옹이를 어떻게 움직일 수 있는지 미리 살펴보세요.

* 유튜브 영상, QR코드

움직임 블록을 여러 가지로 활용해서 더 재미있는 움직임을 만들어 보세요.

 [반복- 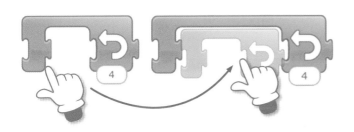] 블록을 써서 재미있는 움직임을 여러 번 하도록 만들어 보세요.

 [반복- ] 블록 뭉치를 하나 만든 뒤 다른 반복 블록 안에 넣어 더 재미있는 움직임을 만들어 보세요.

조립된 형태

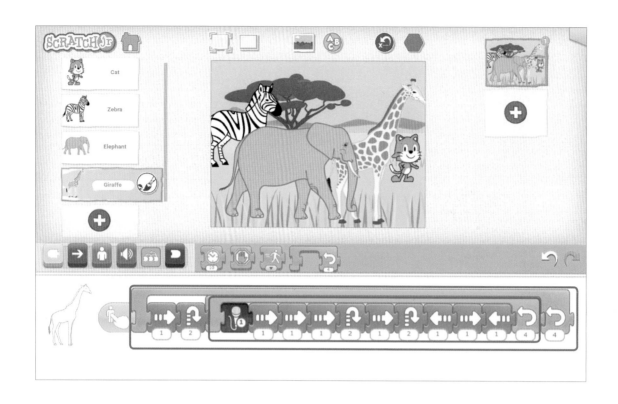

  이처럼 [반복-   ] 블록을 여러 번 사용하여 더 재
미있는 모습을 만들 수 있어요.

 내가 엄마께

- 여러분이 녹음한 동물 친구들의 울음 소리를 엄마에게 들려 주세요.

- 엄마에게 동물 친구들과 함께 노는 야옹이의 모습을 보여주 세요.

엄마가 나에게

- 아이와 동물원에 간 적이 있다면 여러 동물을 본 경험을 떠 올릴 수 있도록 질문해 보세요.

- 아이와 함께 여러 가지 동물과 동물들의 특징에 대해 이야기 나누어 보세요.

- [시작 –] 블록의 쓰임을 가르쳐 주세요.

  ☑ [건드리면 시작하기 – 👆] 블록 : 캐릭터를 건드리면 움직임을 시 작합니다.

- [반복하기 – 🔁] 버튼을 여러 번 겹쳐 사용할 수 있어요.

야옹이네 반에는 '무엇이든 알려주는 시간'이 있습니다.

09 무엇이든 알려주세요

야옹이네 반에서는 월요일마다 '무엇이든 알려주는 시간'이 있습니다.

 선생님께서는 야옹이가 좋아하는 것이면 무엇이든 알려주어도 좋다고 하셨습니다.

야옹이는 발표회에서 그 동안 보고 들으며 알게 된 것들에 대해 여러 친구들에게 이야기를 하고 싶었습니다.

9-1 무엇이든 알려주는 시간

야옹이를 교실로 보내주세요.

앞에서 만난 여러 친구들의 이야기 중 하나를 친구들에게 소개하려고 해요. 어떤 이야기를 소개하면 좋을까요?

코끼리 친구를 소개해주세요. 코끼리를 칠판에 불러와 주세요.

코끼리가 너무 크면 [작아지기─] 블록을 사용하여 작게 만들어 주세요.

TIP 야옹이를 어떻게 움직일 수 있는지 미리 살펴보세요.

* 유튜브 영상, QR코드

야옹이가 코끼리에 대한 설명을 하고 나면 코끼리가 "뿌우우" 소리를 내면서 움직이게 하려고 해요. 어떻게 하면 좋을까요?

야옹이에게 코끼리에 대한 설명을 하도록 만들어 보세요. [말하기—🟨] 블록을 사용해도 좋고, [마이크—🟨] 블록을 사용해서 여러분이 직접 녹음해도 좋아요.

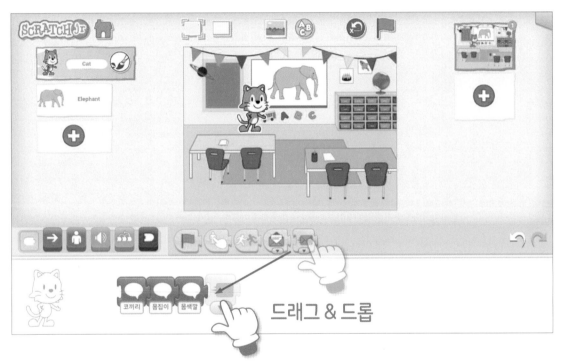

야옹이의 이야기가 끝난 뒤에 코끼리가 움직여야 하겠지요?

시작 블록 가족 🟨을 눌러보세요. 편지봉투가 움직이는 모양 🟨의 그림이 있는 블록이 보이나요?

이 블록을 드래그 앤 드롭하여 야옹이에게 만들어 주었던 블록 뒤에 넣어보세요.

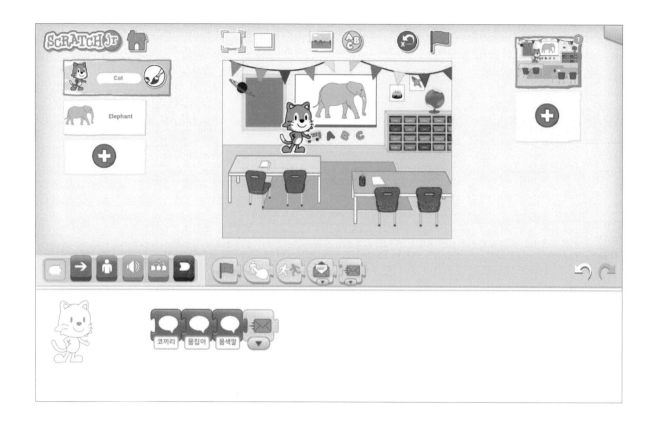

　코끼리에게 [마이크-] 블록과 [움직임-] 블록을
사용해 소리를 내고 움직이도록 만들어주세요.

　시작 블록 가족 을 눌러보세요. 편지봉투가 열린
모양 의 그림이 있는 블록이 보이나요?

　이 블록을 코끼리에게 만들어준 블록의 맨 앞에 드래그
앤 드롭으로 넣어주세요.

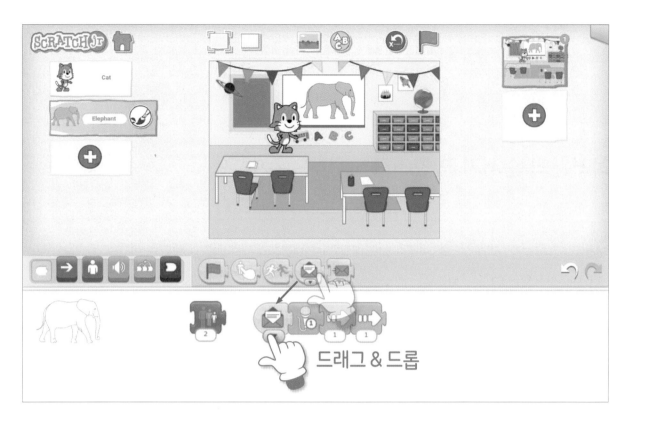

드래그 & 드롭

편지봉투가 있는 이 블록들 은 서로 편지를 주고받는 것과 같은 역할을 해요.

이 블록들을 [메시지] 블록이라고 해요.

메시지 보내기   메시지 받기

편지봉투가 움직이는 그림의 블록은 [메시지 보내기 –] 블록, 편지봉투가 열린 그림의 블록은 [메시지 받기–] 블록이라고 해요.

메시지 블록을 사용하면 어떤 점이 좋은지 이야기해 보세요.

 여러분의 순서가 되었어요.

여러분은 지금까지 야옹이와 함께하는 스크래치 나라에서 사용하는 말을 모두 배웠어요.

지금까지 배운 블록들을 사용하여 여러분이 좋아하는 것에 대해 무엇이든 알려주는 시간을 가져보세요.

9-3 엄마와 함께

 내가 엄마께

- 엄마에게 야옹이와 함께 준비한 멋진 발표를 보여주세요.

- 엄마에게 [메시지] 블록에 대해 알려주세요.

- 이제까지 배운 블록들을 사용해 엄마에게 내가 좋아하는 것에 대해 알려주세요.

 엄마가 나에게

- 아이가 좋아하는 것들에 대해 충분히 생각해 볼 수 있도록 질문해 주세요.

- 이제까지 배운 여러 가지 블록에 대해 아이와 함께 이야기해 주세요.

- 시작 블록 가족의 쓰임을 가르쳐 주세요.

  ☑ [메시지 보내기–📧] 블록 : 특정 색깔의 메시지를 보냅니다.

  ☑ [메시지 받기–📨] 블록 : 특정 색깔의 메시지를 보내면 움직이기 시작합니다.

부록

부록 1 스크래치 주니어 설치

1 구글 계정 만들기

구글 계정이 있으면 'Play 스토어()'에서 여러 가지 애플리케이션을 설치할 수 있습니다.

'스크래치 주니어(ScratchJr)'는 Play 스토어(🐱)에서 내려 받아 설치해야 합니다.

화면을 보며 차근차근 구글 계정을 따라 만들어 보세요.

TIP 애플리케이션 (Application)을 내려 받아 설치하기 위해서는 Google 계정이 필요합니다.

★ 구글 계정은 14세 미만 어린이의 가입이 불가능 합니다. 보호자나 선생님 이 도와주세요.

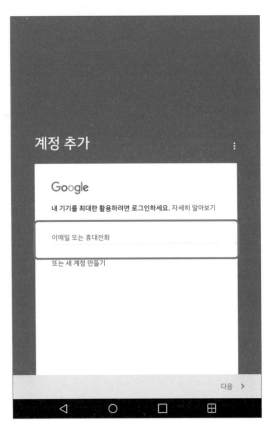

구글 계정 추가에서 '새 계정 만들기'를 눌러 주세요.

★ 아래의 URL을 방문하거나 QR코드로 접속하 면 구글 계정을 만들 수 있습니다.

★ – Google 계정 만들기
https://accounts.google.com/SignUp?hl=ko

'구글 계정 만들기'에서는 사용자의 이름을 성/이름 순서로 넣어주세요.

사용자의 생일과 성별을 입력해 주세요. 생일에는 연도/월/일 순서로 넣어주세요. 만 14세 미만의 어린이는 보호자나 선생님의 도움을 받아 만들어 주세요.

★ 하나의 구글 계정을 여러 기기에 동시에 사용할 수 있습니다. 또한 한 사람의 명의로 여러 개의 계정을 만들 수도 있습니다.

사용자 이름을 넣어주세요. 알파벳 또는 숫자를 사용하여 '나'를 나타내는 하나밖에 없는 이름을 만들어 주세요. 만약 똑같은 사용자 이름이 이미 사용되었다면 다른 사용자 이름으로 만들어야 합니다.

★ 사용자 이름은 'username' 또는 'ID(identification)'라고 불리기도 하며 이미 만들어진 사용자 이름과 중복되지 않도록 만들어야 합니다. 원하는 사용자 이름이 중복되어 만들 수 없다면 문자 또는 숫자를 몇 개 추가해서 만들어 보세요.

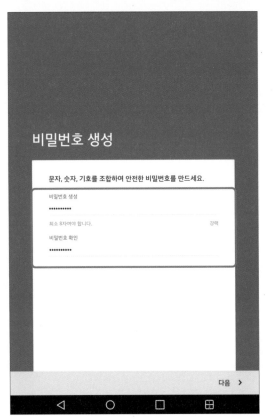

사용자 이름과 함께 사용할 비밀번호를 만들어 주세요. 비밀번호는 알파벳, 숫자, 기호를 사용하여 적어도 8글자여야 합니다. 비밀번호는 나만이 알 수 있도록 비밀을 지키고 꼭 기억하세요!

★ 비밀번호의 보안 수준을 판단하여 사용 가능 여부를 알려줍니다. 보안 수준이 낮으면 비밀번호로 사용이 불가능합니다.

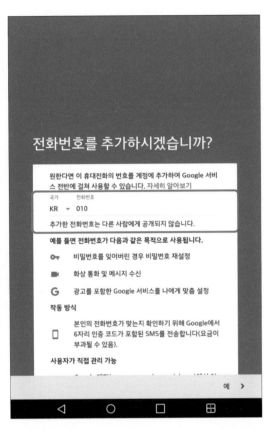

'전화번호를 추가하시겠습니까?'에
전화번호를 넣으면 사용자 이름, 비
밀번호를 잃어버렸을 경우 찾는 데
도움을 받을 수 있어요. 전화번호가
없는 경우 이 단계는 입력하지 않고
넘어갈 수 있습니다.

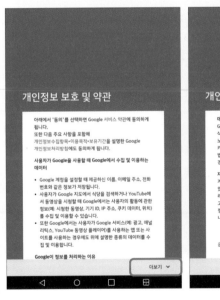
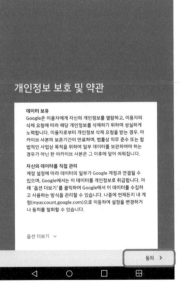

'개인정보 보호 및 약관'
은 구글 계정을 만들면
서 구글과 약속을 하는
단계입니다. 내용을 잘
읽고 '더보기' → '동의'를
눌러주세요.

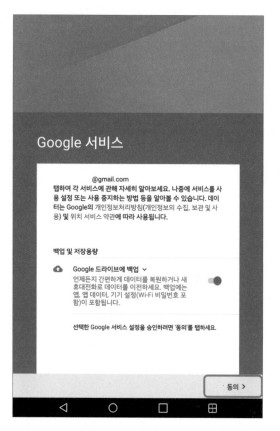

'Google 서비스'는 구글이 제공하는 서비스를 받기 위한 동의를 하는 단계입니다. 서비스를 사용하고 싶다면 '동의'를 눌러주세요.

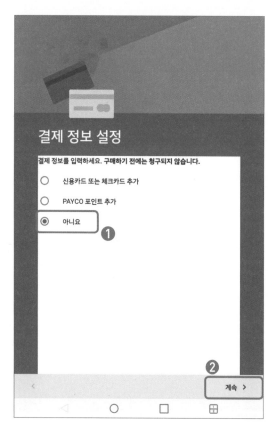

'결제 정보 설정'에서는 유료로 제공되는 애플리케이션에 대해 결제를 하기 위해 결제 수단을 입력합니다. 만약 유료 애플리케이션을 사용하지 않는다면 '아니요'를 선택하고 '계속'을 눌러주세요.

★ 유료 애플리케이션을 무분별하게 내려 받는 것을 막기 위해 결제 시 비밀번호를 설정할 수 있습니다.

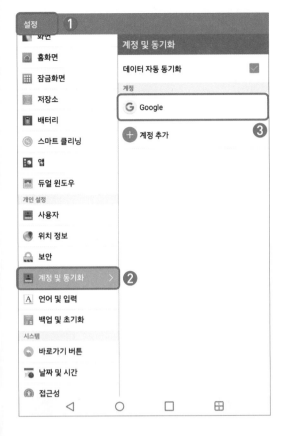

구글 계정을 만들었습니다! 내 계정에 대한 정보를 알고 싶다면 [설정] – [계정 및 동기화]에서 'Google'을 누르세요.

★ 동기화 기능을 사용하면 지메일(Gmail), 전화번호부 등 다양한 애플리케이션의 내용을 항상 최신으로 유지할 수 있습니다. 단, 동기화할 때 원하지 않는 인터넷 사용이 이루어 질 수 있으므로 필요할 때만 동기화를 켜 놓아도 됩니다.

② 스크래치 주니어 설치하기

구글 계정을 만들었나요? 그러면 스크래치 주니어를 설치할 준비가 모두 끝났습니다.

구글에서 애플리케이션을 설치할 때는 'Play 스토어'를 사용합니다. 한 번 따라해 볼까요?

태블릿의 '앱(App)'을 누르면 여러 가지 아이콘(icon)이 있어요. 여러 아이콘 가운데 'Play 스토어'를 눌러 보세요.

★ 애플리케이션(Application)의 앞 글자를 따 앱 (App)이라고도 합니다.

★ 태블릿 컴퓨터의 기종이나 안드로이드 (Android) 운영체제의 버전에 따라 화면구성 이 다를 수도 있습니다.

Play 스토어를 실행시키면 첫 화 면이 나옵니다. Play 스토어는 여러 가지 애플리케이션을 설치하기 위한 길잡이 역할을 합니다.

검색창을 누르면 내가 원하는 애플리케이션을 검색할 수 있어요. 스크래치 주니어(Scratch JR)는 영문자로 검색을 해야 합니다. 검색창에 'ScratchJr'을 키보드로 써 넣어 보세요.

★ 스크래치 주니어는 태블릿 컴퓨터에서만 내려받을 수 있습니다. 화면이 작은 기타 스마트폰에서는 검색또는 실행이 안 됩니다.

검색화면 가운데 'ScratchJr'이라는 제목의 귀여운 고양이 모양의 아이콘을 누르면 스크래치 주니어의 소개 화면이 나옵니다.

'자세히 알아보기'를 누르면 스크래치 주니어에 대해 더 자세히 알 수 있습니다.

'설치'를 눌러 스크래치 주니어를 설치해 보세요.

★ 비슷한 이름의 다른 애플리케이션이 많이 나와 있습니다. 고양이 아이콘과 제작자인 'Scratch Foundation'을 잘 확인하고 설치해주세요.

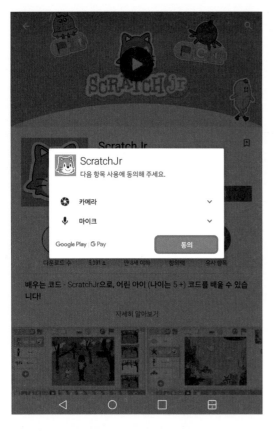

버튼을 누르면 스크래치 주니어 실행을 위한 권한 사용 동의 창이 나옵니다. 동의 를 눌러 설치를 계속해 주세요.

★ 스크래치 주니어를 실행하기 위한 필수 권한입니다. 동의하지 않으면 실행이 되지 않습니다.

스크래치 주니어가 설치되고 있네요! 설치 상태 바(막대)에 색이 모두 채워질 때까지 기다려 주세요.

★ 설치 용량이 크므로 가급적 무선랜(Wi-fi) 환경에서 내려받으세요.

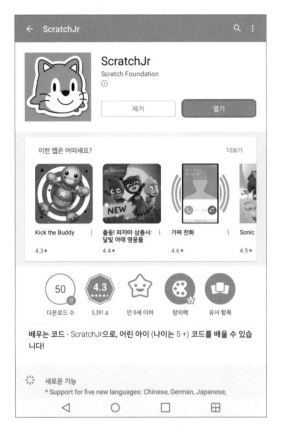

스크래치 주니어의 설치가 끝났습니다. 열기 버튼을 누르면 바로 스크래치 주니어를 실행 시킬 수 있어요. 또는 초기 화면의 앱(App)에서 아이콘을 눌러 실행시킬 수도 있습니다.

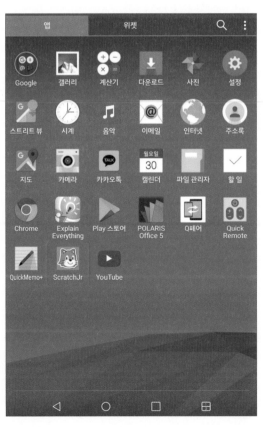

앱(App)에 스크래치 주니어의 아이콘(🐱)이 생긴 것을 확인하세요. 스크래치 주니어 아이콘을 눌러 스크래치 주니어를 실행해보세요.

스크래치 주니어와의 첫 만남을 시작해 보세요.

스크래치 주니어의 첫 화면입니다. 귀여운 친구들이 많이 살고 있네요.

집 모양 아이콘()을 누르면 스크래치 주니어의 세계로 들어
갈 수 있어요.

물음표 아이콘(❓)을 누르면 스크래치 주니어에 대한 도움말
을 볼 수 있어요.

톱니바퀴 아이콘(⚙)을 누르면 스크래치 주니어의 간단한 설
정을 할 수 있어요.

집 모양 아이콘(🏠)을 누르면 프로젝트를 만들 수 있는 화면이
나와요. 이 곳에서 여러 가지 프로젝트를 만들어 볼 수 있어요.
여러분이 만든 프로젝트는 여기에 저장된답니다.

멋진 작품을 만들고 나면 선생님이나 친구들에게 자랑하고 싶지요?
스크래치 주니어는 다른 사람과 프로젝트를 공유할 수 있답니다.

화면의 오른쪽 위에 있는 버튼( )을 눌러 프로젝트를 이메일로
보내봅시다.

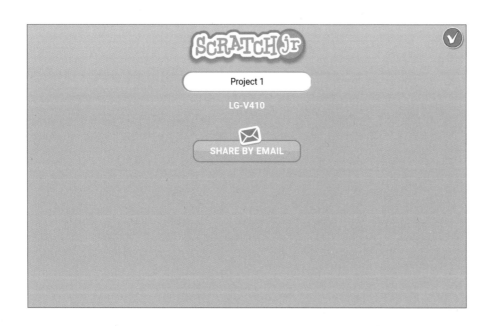

프로젝트 이름을 써 주고 'Share by Email'을 눌러 보세요.

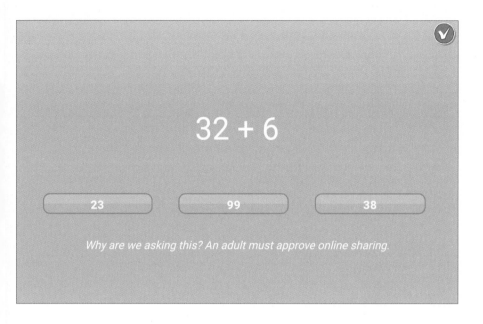

덧셈 문제가 나오네요. 덧셈 문제의 알맞은 답을 누르면 프로젝트를 이메일로 보낼 수 있어요.

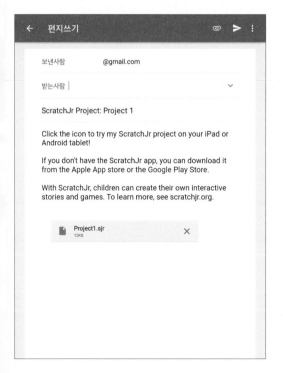

화면과 같이 이메일을 보낼 수 있어요. 이메일의 아래에 있는 '.sjr' 파일이 바로 내가 공유할 프로젝트 파일입니다.

화면 구성과 블록의 역할

1 버튼과 영역 안내

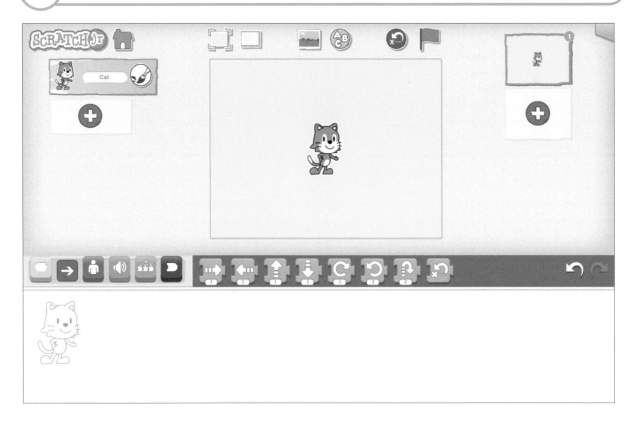

　스크래치 주니어의 시작 화면입니다. 화면의 중앙에는 우리 친구 야옹이가 보이네요. 여러 가지 버튼은 각각 주어진 역할이 있어요.

　먼저 화면의 맨 위에 여러 가지 버튼이 보이지요? 각각의 버튼에 대해 알아볼까요?

버튼	하는 일
🏠	홈 화면으로 돌아가면서 프로그램이 저장됩니다.
⛶	무대가 화면 전체 크기로 커집니다.
▢	바탕에 모눈을 표시하거나 없앨 수 있습니다.
🖼	무대의 배경을 바꾸어 야옹이와 친구들을 다른 장소로 보낼 수 있습니다.
Ⓐⓑ	내가 만든 작품의 제목과 자막을 넣을 수 있습니다.
↺	모든 친구들이 무대의 첫 등장 위치로 돌아갑니다.
⚑	녹색 깃발 모양 버튼을 누르면 블록으로 시작하는 모든 움직임이 시작됩니다.
⬢	정지 버튼을 누르면 움직이던 모든 친구들이 멈춥니다.

화면의 왼쪽에는 주인공 야옹이와 붓 모양 버튼(🎨), 그리고 더하기 모양 버튼(➕)이 있어요.

야옹이의 이름을 Cat이 아닌 다른 이름으로 바꿀 수도 있답니다.

버튼	하는 일
🎨	그림 편집기로 들어갑니다. 야옹이의 색을 바꾸거나 꾸밀 수 있어요.
➕	화면으로 새로운 친구를 초대합니다.

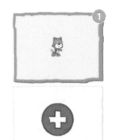

화면의 오른쪽에는 야옹이가 있는 장면이 보입니
다. 여러 가지 장면이 있을 때 이 곳 저 곳으로 움직
일 수 있습니다. ➕ 버튼으로 새로운 장면을 추가할
수도 있구요.

② 스크래치 주니어 블록 사전

화면의 왼쪽 아래에 알록달록한 여섯 가지 버튼이 있습니다. 각각
의 버튼을 누르면 여러 가지 능력을 가진 블록 가족들이 나온답니
다. 블록들을 드래그 앤 드롭 하여 아래 칸으로 옮기면 여러분이 생
각한 장면들을 스크래치 나라 친구들과 함께 만들어 낼 수 있어요.

	시작 블록과 메시지 블록 가족	야옹이와 친구들이 움직임을 시작하거나 서로 메시지를 주고받을 수 있도록 도와줍니다.
→	움직임 블록 가족	야옹이와 친구들이 어떻게 움직여야 할지 알려 줍니다. 움직이는 방향이나 정도를 정하고 점프나 돌기를 하게 할 수 있습니다.

	모양 블록 가족	야옹이와 친구들을 말하게 하거나 크기를 크게 또는 작게 만들 수 있습니다. 사라졌다가 나타나게 할 수도 있답니다.
	소리 블록 가족	소리를 넣거나 내 목소리를 직접 녹음할 수 있습니다.
	제어 블록 가족	야옹이와 친구들을 기다리거나 멈추게 할 수 있습니다. 천천히 걷거나 빠르게 달리게 하기도 하고 원하는 행동을 여러 번 똑같이 하게 할 수도 있어요.
	마무리 블록 가족	모든 말과 행동, 움직임을 멈추게 하거나 반복하게 할 수 있습니다.

🔵 시작 블록과 메시지 블록 가족		
블록	블록 이름	할 수 있는 일
	초록색 깃발	초록색 깃발을 클릭하면 움직이기 시작합니다.
	건드리면 시작하기	친구를 손가락 모양으로 건드리면 움직임을 시작합니다.
	닿으면 시작하기	얼음땡 놀이처럼 다른 친구가 닿으면 움직임이 시작하도록 합니다.

블록	블록 이름	할 수 있는 일
	메시지 받기	정해진 색의 메시지를 받으면 움직임을 시작합니다.
	메시지 보내기	정해진 색의 메시지를 보낼 수 있습니다.

→ 움직임 블록 가족

블록	블록 이름	할 수 있는 일
	오른쪽 화살표 (오른쪽으로)	내가 움직이고 싶은 친구를 오른쪽으로 움직이게 할 수 있습니다.
		블록의 개수를 늘리면 그만큼 많이 이동할 수 있어요. 또는 숫자패드의 숫자를 바꾸면 원하는 만큼 움직이게 할 수 있습니다.
	왼쪽 화살표 (왼쪽으로)	내가 움직이고 싶은 친구를 왼쪽으로 움직이게 할 수 있습니다.
	위쪽 화살표 (위로)	내가 움직이고 싶은 친구를 위쪽으로 움직이게 할 수 있습니다.

	아래쪽 화살표 (아래로)	내가 움직이고 싶은 친구를 아래쪽으로 움직이게 할 수 있습니다.
	오른쪽으로 돌기	친구들을 시계 방향으로 돌며 이동하도록 할 수 있습니다.
	왼쪽으로 돌기	친구들을 시계 반대 방향으로 돌며 이동하도록 할 수 있습니다.
	점프	친구들이 정한 숫자만큼 높이 올라갔다 내려오게 할 수 있습니다.
	처음으로 돌아가기	야옹이 또는 친구들을 처음 위치로 돌아가게 할 수 있습니다. 원하는 곳에 친구들을 끌어놓으면 출발하는 곳을 새롭게 정할 수 있어요.

👤 모양 블록 가족

블록	블록 이름	할 수 있는 일
	말하기	친구들에게 말풍선으로 말을 할 수 있게 해 줍니다. 말풍선 그림 밑에 있는 칸을 누르면 내가 하고 싶은 말을 적을 수 있어요. hi
	커지기	친구의 크기를 크게 만듭니다.
	작아지기	친구의 크기를 작게 만듭니다.

	처음 크기로	친구의 크기를 보통(처음 크기로)으로 만듭니다.
	감추기	친구들이 천천히 사라지게 합니다.
	보이기	친구들이 천천히 나타나게 합니다.

	🔊 소리 블록 가족	
블록	**블록 이름**	**할 수 있는 일**
	물방울 소리	'뽁'하는 소리를 냅니다.
	마이크	내가 녹음한 소리를 들려줍니다. (소리패드) 마이크 블록을 누르면 나오는 소리패드의 빨간 동그라미 버튼을 누르면 내 소리가 녹음됩니다.

	📣 제어 블록 가족	
블록	**블록 이름**	**할 수 있는 일**
	시계(기다리기)	정해진 시간동안 기다립니다. (0.1초 단위)
	멈추기	모든 친구들을 멈추게 합니다.
	속도	내가 정한 친구가 움직이는 속도를 바꿉니다.

		조그만 화살표를 누르면 빠르게 달리거나 천천히 걷게 할 수 있어요.
	반복	테두리 안에 넣은 블록들을 내가 정한 만큼 똑같이 여러 번 반복하게 합니다. 숫자패드의 숫자를 바꾸면 원하는 만큼 반복할 수 있어요.

📕 마무리 블록 가족		
블록	블록 이름	할 수 있는 일
	마무리	스크립트의 끝을 표시합니다
	무한 반복	끝없이 여러 번 같은 움직임을 하게 만듭니다.
	지정된 페이지로 이동	지정된 페이지로 이동합니다

 붓 모양 버튼을 누르면 그림 편집기로 이동할 수 있다고 했지
요? 그림 편집기 에서는 캐릭터의 색이나 모양을 바꿀 수도 있고
새로 그리거나 내 얼굴을 넣을 수 있답니다.

 그림 편집기의 모습이에요. 우리 친구 야옹이의 모습이 보이지
요? 야옹이의 색을 바꿀 수도 있고 새로운 친구를 만들거나 내가

직접 스크래치 나라로 들어가 친구가 될 수도 있어요. 자 그럼 각 버튼의 역할을 알아볼까요?

Cat	캐릭터 이름을 편집할 수 있습니다.

↺	↻	✔
방금 수정한 내용을 취소 합니다	방금 취소한 내용을 되살립니다.	수정한 내용을 저장하고 그림 편집을 마칩니다.
(모양 도구)	선, 원, 사각형, 삼각형 모양 중에 원하는 모양을 골라 그릴 수 있습니다.	(선 굵기 도구) 그림을 그릴 선 굵기를 정할 수 있습니다.

그림을 그릴 선의 색, 배경이나 모양을 색칠할 색을 고를 수 있습니다.

버튼	블록 이름	할 수 있는 일
	끌기	캐릭터나 모양을 끌기 버튼으로 움직일 수 있습니다. 끌기 버튼을 클릭하고 캐릭터나 모양을 원하는 자리로 옮기세요. 모양을 터치했을 때 생기는 작은 점들로 모양을 수정할 수도 있습니다.
	돌리기	캐릭터나 모양을 돌릴 수 있습니다. 돌리기 버튼을 클릭하고 화면 위에서 끌면 중심으로부터 돌아갑니다.
	복사하기	똑같이 복사하고 싶은 것이 있으면 복사 버튼을 누르고 캐릭터나 모양을 클릭하세요.
	자르기	지우거나 없애고 싶은 것이 생겼다구요? 자르기 버튼을 누른 후 지우고 싶은 캐릭터나 모양을 클릭하세요. 클릭한 모양, 캐릭터가 사라집니다.
	카메라	배경이나 캐릭터에 내 얼굴이나 사진을 넣고 싶을 때 카메라 버튼을 누르면 됩니다. 카메라 버튼을 누르고 사진을 넣을 영역을 선택한 후 카메라 버튼을 눌러 사진을 찍으면 선택한 영역에 사진이 나옵니다.
	칠하기	색칠하고 싶은 사물이 있으면 색칠하기 버튼을 눌러 보세요. 색칠하기 버튼을 누르고 바꾸고 싶은 색을 고른 뒤 그 색으로 칠할 영역을 누르면 원하는 색으로 바뀝니다.

스크래치 주니어 소개

1 스크래치란?

야옹이와 즐겁게 놀아보았지요? 이제 한 걸음 더 나아가 볼까요?

스크래치는 스크래치 주니어 보다 약간 높은 연령대(만 8세 이상) 어린이들을 위한 프로그래밍 도구입니다. 스크래치 주니어보다 조금 더 복잡한 이야기, 애니메이션, 게임을 만들 수 있답니다.

기본적인 기법은 스크래치 주니어와 비슷하기 때문에 여러분도 쉽게 친해질 수 있습니다.

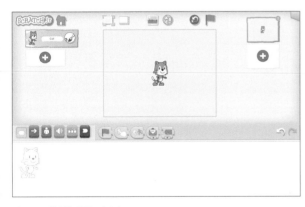

스크래치 주니어

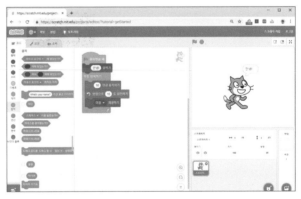

스크래치 3.0

점수가 있는 게임을
만들 수 있어요

스크래치 시작하기

스크래치 웹사이트(http://scratch.mit.edu/)에서 스크래치를 경험해 보세요.

스크래치는 인터넷 익스플로러, 크롬 등 모든 웹 브라우저에서 구동 가능하며 노트북 및 데스크톱 컴퓨터에서도 사용할 수 있습니다.

뿐만 아니라 스크래치 웹 사이트에는 전 세계 사람들이 스크래치로 만든 다양한 작품들이 있어 구경할 수 있어요.

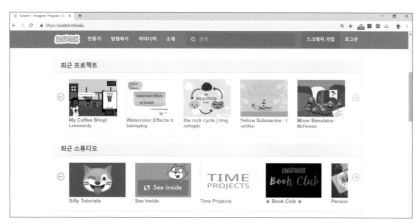

▲ 스크래치 웹사이트

▲ 도움말을 누르면 온라인 튜토리얼을 시작하거나 안내서를 볼 수 있습니다.

스크래치에서는 온라인 커뮤니티를 통해 서로의 작품을 공유할 수 있습니다.

내가 만든 작품을 커뮤니티에 올려 다른 친구들이 보게 할 수 있고 전 세계의 다른 작품들도 볼 수 있지요.

그리고 무엇보다 다른 사람의 캐릭터와 스크립트를 이용해서 다른 친구들의 작품을 수정하거나 변경하여 새로운 작품을 만들어 낼 수도 있답니다.

어때요? 여러분도 함께 해 보고 싶지 않나요?

다른 사람들과 함께 커뮤니티를 사용할 때는 규칙을 잘 지켜야 해요. '커뮤니티 지침'에서 커뮤니티 지침을 볼 수 있습니다.

★ 커뮤니티 지침 웹페이지 : https://scratch.mit.edu/community_guidelines

컴퓨팅 사고력 키우기

1 컴퓨팅 사고력 문제

① 아이스크림 주문하기

친구들과 놀이공원에 간 야옹이. 맛있는 아이스크림을 먹고 싶어요. 아이스크림 가게에 가니 여러 가지 맛의 아이스크림이 있네요. 야옹이가 좋아하는 세 가지 맛으로 아이스크림을 만들 수 있대요. 야옹이의 상상 속 아이스크림을 주문하려면 어떻게 말해야 할까요?

1. 바나나 – 딸기 – 초코

2. 딸기 – 바나나 – 초코

3. 초코 – 바나나 – 딸기

답 : (택)

② 야옹이의 목걸이는?

야옹이의 보석함에는 예쁜 목걸이와 팔찌가 가득 들어있어요.
그 중 야옹이가 제일 좋아하는 목걸이에요. 목걸이를 보석함에
보관할 때는 잘 풀어서 넣어야 해요. 어떤 것이 진짜 야옹이의 목
걸이일까요?

답 : (톡)

③ 친구들 줄 세우기

야옹이와 틱택톡은 한 줄로 섰습니다. 그런데 키가 큰 친구가 앞에 서있어서 키 작은 친구가 앞이 안보여요. 키가 작은 순서대로 세워주세요.

(택)   (톡)   (틱)   (야옹이)

1. 틱 – 톡 – 야옹이 – 택
2. 톡 – 택 – 야옹이 – 틱
3. 야옹이 – 틱 – 택 – 톡
4. 택 – 야옹이 – 톡 – 택

답 : 2

Foreign Copyright:
Joonwon Lee
Address: 10, Simhaksan-ro, Seopae-dong, Paju-si, Kyunggi-do,
        Korea
Telephone: 82-2-3142-4151
E-mail: jwlee@cyber.co.kr

스크래치 주니어 워크북

2019. 4. 15. 1판 1쇄 인쇄
2019. 4. 22. 1판 1쇄 발행

저자와의
협의하에
검인생략

지은이 │ 한선관, 조현룡, 채다혜
펴낸이 │ 이종춘
펴낸곳 │ [BM] (주)도서출판 성안당
주소 │ 04032 서울시 마포구 양화로 127 첨단빌딩 3층(출판기획 R&D 센터)
       │ 10881 경기도 파주시 문발로 112 출판문화정보산업단지(제작 및 물류)
전화 │ 02) 3142-0036
      │ 031) 950-6300
팩스 │ 031) 955-0510
등록 │ 1973. 2. 1. 제406-2005-000046호
출판사 홈페이지 │ **www.cyber.co.kr**
ISBN │ 978-89-315-5588-2 (13000)
정가 │ 15,000원

이 책을 만든 사람들
책임 │ 최옥현
편집·진행 │ 조혜란
일러스트 │ 유선호, 채다혜, 문수민
본문·표지 디자인 │ 앤미디어
홍보 │ 김계향, 정가현
국제부 │ 이선민, 조혜란, 김혜숙
마케팅 │ 구본철, 차정욱, 나진호, 이동후, 강호묵
제작 │ 김유석

www.cyber.co.kr ★★★
성안당 Web 사이트

■ 도서 A/S 안내

성안당에서 발행하는 모든 도서는 저자와 출판사, 그리고 독자가 함께 만들어 나갑니다.
좋은 책을 펴내기 위해 많은 노력을 기울이고 있습니다. 혹시라도 내용상의 오류나 오탈자 등이
발견되면 **"좋은 책은 나라의 보배"**로서 우리 모두가 함께 만들어 간다는 마음으로 연락주시기
바랍니다. 수정 보완하여 더 나은 책이 되도록 최선을 다하겠습니다.
성안당은 늘 독자 여러분들의 소중한 의견을 기다리고 있습니다. 좋은 의견을 보내주시는 분께는
성안당 쇼핑몰의 포인트(3,000포인트)를 적립해 드립니다.

잘못 만들어진 책이나 부록 등이 파손된 경우에는 교환해 드립니다.